1891—1911

遺失在西方的

法國
《小日報》
記錄的晚清

1891-1911
（修訂版）

從甲午戰爭到辛亥革命，
全面回顧晚清重要事件的西方記錄

革命運動、義和團、饑荒、大瘟疫、皇帝駕崩、遠東事件、攻占西藏
兵站娛樂、當眾剪長辮、蒙古汽車、徵兵入伍、甲午戰爭時期的上海港……

西方視角下的珍貴石印畫，透過畫家筆觸感受晚清二十年的滄桑

尤广 睿翚

目 錄

目錄

序

楊葵

假如我是個歷史學家，最好還專門研究中國近代史，會從本書的史學價值，論述其作為「他山之石」之珍貴。比如近代史專家馬勇就從這類繪畫的內容聯想到，二十多年前中國近代史學界打破「歐洲中心論」、「衝擊 - 反應」、「傳統 - 現代」模式，開始從中國自身尋找歷史發展的因素。

假如我是個藝術家，最好還專攻現當代版畫，會從本書的繪畫藝術著手，論述其獨特的藝術、社會價值。比如藝術家陳丹青就將這一時期歐洲的石印畫、銅版畫與今日的影像媒體相提並論，稱之為「傳播利器」。他說與新聞結合的版畫，是社會大眾了解時事的重要途徑，對後來的市民社會的形成居功至偉。

假如我是個社會人類學家，最好還有點相關收藏愛好，會從這些繪畫中爬梳出中國人精神面貌的有趣演變。比如有個致力於收藏此類圖畫的秦風，他發現這類繪畫中的中國人，西元 1860 年前「安詳」，1900 年後「粗笨」……

可我只是個出版行業的普通從業者，只能從書籍的出版印刷角度，說點自己的感想。

這些圖畫的原產地是法國。在歐洲，直至十五世紀中期，由於紙張的傳入，才出現了印刷書籍。當時書籍的紙張多為麻草、粗布等植物原料製成，這些紙張特別耐保存，用這類紙張印成的書籍，即使幾世紀過後再看，還像剛印出來的一樣紙張潔淨。可是從十九世紀中葉開始，人們開始改用木材製造紙張，據說這些紙張的壽命不會超過七十年，幾十年後，絕大多數書頁泛黃，紙張鬆脆，稍不小心就弄一手碎紙屑。

　　《小日報》在十九世紀末，每期銷量超過百萬，是法國最流行的通俗類市民報紙，相當於我們今天說的「速食文化」吧。便宜到令人咋舌的定價，當然不允許選用耐久保存的紙張。所以，儘管《小日報》存世量不少，但紙張的現狀決定了，它們只能是嬌貴的收藏品。那麼，如果還有人想看，就需要重印。

　　說到重印，身兼學者、作家、古籍收藏家三種身分於一身的安伯托‧艾可（Umberto Eco）曾經這樣議論：重印會隨著當代人的口味而變化——並不總是生存在現世的人才是評判一部作品優劣的最好裁判。他還說，如果把哪些書籍需要再版這樣的事交給市場，是沒有保障的。但是如果讓一個專家委員會決定哪些書需要再版進行保存，哪些書最終要消失，結果就會更糟。比如假如我們當時聽從了薩維里奧‧貝蒂內利（Saverio Bettinelli）的話，那麼十八世紀時，但丁（Dante Alighieri）的作品就已經被扔進漚麻池銷毀了。

　　我從艾可這些話聯想到，在《小日報》出版一百多年後的今天選擇編輯重印它們，到底包含了些什麼訊息？決定重印它們的機制，又是如何悄然形成並逐漸完善，以至成熟的呢？我沒有結論，但我感覺從出版印刷的角度入手，有不少問題值得細細研究。

　　讀這本書的另外一個小感想是，越是細細碎碎、柴米油鹽的世俗生活，越具歷史意義的耐久力。《小日報》是當年難登大雅之堂的通俗小報，書中選取的這些內容，現在回頭看當然都是歷史大事，但在當時，可能就如今天我們日常聽到的世界各地社會新聞一樣，瑣瑣碎碎，俗不可耐。可是你看，百年過後，跨越半個地球，還有人要重印它們，借它們還藝術的魂，還歷史的魂。這個細想下去，也是個有意思的課題。

　　擺在您眼前的這本書，是在翻印一段歷史。從社會史角度說，它再現了晚清中國的一段歷史；從出版史角度說，它復活了百年前的一份報

紙。而此書一旦印成，本身又成了歷史。還是那個艾可，他說書籍就是記憶傳承的載體，原始部落裡，長者對年輕人講祖上口口相傳的記憶，年輕人成了長者，又將這些記憶講給下一輩；而在今天，書籍就是我們的長者，儘管我們知道它也會有錯誤，但我們還是會很嚴肅地對待它們。所以，請懷著面對長輩一樣的恭敬，翻開這本書吧。

序

聽與看
法國《小日報插圖》出版感言

毛喻原

真實的歷史對我們來說是重要的，因為歷史的是否真實直接關係到我們現在的是否劣偽，而現在的是否劣偽又必然會涉及我們的現在能否與我們的未來有效對接。對一個社會的大多數成員而言，生命是否不辜負，人生是否不冤枉，是否不空幻，不虛度，從某種意義上說，要取決於他們生活於其中的歷史、現實與他們所期盼的未來是否前後對準、邏輯呼應、因果連線。

為了更好地還原歷史的真實 —— 因為這種真實是現實的根基，未來的保障 —— 我們不僅要學會去聽，而且要學會聽見，不僅要學會去看，而且要學會看見。因為聽與聽見不一樣，看與看見是兩回事。聽是有限遊戲中生理耳朵的偶然、隨意、慵懶動作，聽見是無限遊戲中靈魂聽覺被聽的對象給徹底打動、觸動與感動，聽見的行為中貫穿有一種追尋、探究的人類意志；看指的是在限制中去看，是一個有疆域的活動，而看見是要去發現我們在看的過程中所受到的限制，甚至要去看見這種限制本身。看是在一個有邊界的空間去觀察一個又一個的事物，而看見則是看到存在全景中一個個不斷擴大、外延的視域。聽與看的結果是普世意識的進化，普世價值的形成。

從某種意義上說，中國文化屬於視覺文化，而西方文化屬於聽覺文化。這是兩種在看與聽方面有著明顯不同的文化，前者重眼睛（看），後者重耳朵（聽）。它們各自的文字起源及其最終定型為這種文化的差異提供了一個有力的佐證。本來，中國文化在看的方面與西方文化相比是具有

明顯優勢的，似乎我們先天就更傾心、偏向視覺、象形、外觀、畫面之類的東西。無疑，視覺是我們的強項，只可惜在歷史上由於種種說得出與說不出的原因，我們的看受到了諸多的限制，我們看得更多是局域之象、零星之象、下闋之象、離散之象。看是看了，但看的東西極其可憐，數量有限，即使看了，實際上又沒有看見，誠然看見，其實又沒有真正貫通、理解。再加上聽的付諸闕如，這就使我們對歷史的拼圖、還原工作極其地離題不可靠，極其地拖泥帶水，極其地糊弄有餘、較真不足，甚至大有被偽歷史徹底玩弄、欺騙之嫌。沒有真實的歷史，我們的現實就是漂浮的，現實沒有被準確定位，那未來肯定就找不到方向，是盲目的。如此，一個社會的宿命就只能是過去對於未來的永遠勝利，而不是一個充滿理想的未來決勝於一個已成事實的過去。要是一個社會、一個民族它的歷史是杜撰的，現實是荒誕的，未來是虛幻的，那一切的一切就棘手到了極點，一切的一切就根本無從談起，你真的一點辦法都沒有。而為了規避這種杜撰、荒誕、虛幻，最有效的辦法之一恐怕就是我們應該盡量地去多聽，並且聽見，多看，並且看見，當然，還要多想，並且要想得徹底，想得明白。否則，我們所做的一切都是畫中餅、水中月、雲中閣。做了也等於白做，也許，不做什麼比做什麼更強、更好。就像我們說，在一個大踏步倒退的時代，不動就是進步是一個道理。

　　歷史之所以向我們呈現出一種雲遮霧繞的景象，是因為我們鮮有去做祛瘴除霾的工作；我們之所以對歷史的認知多有混亂、偏差，甚至顛倒，是因為我們勘查的工作踩點不夠，樣本偏少，參照匱乏。如果我們盡量地多踩點、多樣本、多參照，興許我們就更有可能接近歷史的真實與原貌，從而為我們的邁步定下一個更合乎歷史進步邏輯的基點。

　　基於以上的理由，《小日報》的出版可圈可點，可歌可賀，因為它為我們提供了一種打量我們近代歷史的他者目光，向我們呈現了一幅幅

我們之前從來沒有見過的歷史畫面。無論從文獻學、歷史學，還是社會學、政治學的角度看，這都是一本珍貴的手繪畫冊。全書收集的 100 多幅彩圖，大多來自法國的《小日報》，並且全都出自當時法國的名家之手，由報社特地派往中國進行現場採訪報導的一流畫家兼新聞記者親自繪製。書中的內容非常豐富，由於有強烈的現場感，所以極具視覺的衝擊力，多半能讓人留下深刻的印象。既有重大歷史時刻的立此存照，比如，關於中國的革命運動、義和團、中國的饑荒、滿洲大瘟疫、清太后與皇帝的駕崩、中國使團在巴黎、日軍在滿洲的殘酷報復、遠東事件、攻占西藏等；也有近代中國風俗、景物的有趣描繪，比如，中國的第一架飛機、兵站的娛樂、當眾剪長辮、蒙古的汽車、中國樓宇、徵兵入伍、甲午戰爭時期的上海港等。其中，有些重要歷史人物的大頭像，比如慈禧、李鴻章、北京教區主教樊國梁、俄國滿洲的司令官李尼維去將軍等，我想是讀者十分願意目睹的。這些繪畫的時間跨度是西元 1891 年至 1911 年。而這幾個年頭又恰逢中國近代史上的一個重要拐點 —— 辛亥革命前夕，所以，這些畫面就尤其難能多得，顯得特別有意思，有意義，很值得我們認真端詳，耐心品讀。

　　儘管畫冊中所記載的大多都是中國近代史上的悲慘事件，比如暴亂、殺戮、瘟疫、饑荒、戰爭、酷刑，但我仍是相信，只要是真實的歷史，我們就沒有任何理由忽略、遺忘。因為遺忘歷史，意味著同樣的悲劇就有可能會再次發生。我認為，我們能從悲慘事件中學到的東西絕不會比從幸福事件中學到的更少。往往是悲慘的事件更能觸動我們的內心，讓我們更能吸取教訓，長記性，賦予我們對人類本性更為人道的理解與認知，從而讓我們以及我們生活的這個世界更有可能向更好的方面依情轉化、順勢發展。

再版序

沈弘

由李紅利、趙麗莎編譯的《遺失西方的中國史：法國〈小日報〉記錄的晚清 1891-1911》一書，收錄了《小日報》等法國報紙雜誌中刊登的關於中國的大量彩色封面和插圖，這批彩色圖片的數量較大，內容也十分珍貴，屬於在中國首次面世，出版之後很受讀者歡迎。

不過由於當年此書編得過於匆忙，留下了一些紕漏，尤其是在圖片說明的翻譯上有一些不妥之處。例如地名和人名的誤譯：將泉州灣譯成了「廣州灣」，將旅順口譯成了「撫順港」，將特命全權大使（Ambassadeur Extraordinaire）譯成了「傑出使臣」，將原中海慈禧太后居住的儀鸞殿（Palais D'hiver）譯成了「太后宮」等等。

2021 年 4 月，出版社聯絡我，稱鑒於原書翻譯品質可更加精進，對一些彩色報刊封面和彩圖內容的背景介紹可更加全面，準備編譯出版一個新版本，且他們在另一位圖片收藏者那裡獲得了包括上一個版本圖片在內的更多的圖片，希望我能承擔新版本的編譯工作，並囑我針對清末民初這些外國彩色圖片的內容背景再編寫一些介紹性的短文，以便利讀者理解和欣賞這些圖片。於是，在隨後的幾個月中，我仔細閱讀了書局提供的所有圖片上 100 多年前的法國報刊，重新翻譯了所有圖片說明，同時還編寫了 16 篇介紹圖片歷史背景的短文。

在編輯過程中，我個人的印象大致有三點：首先，由於我過去對法語的報紙雜誌並不是很熟悉，所以書中這些圖片最初對我來說相對十分新鮮，有令人刮目相看的感覺。中國國內的中文史料中過去似乎也很少有人引用過這些影像資料。第二，所有這些圖片全是彩色的，這一點我

覺得很不簡單。眾所周知，製作彩圖費時費力，印刷成本更高，對印刷
品質的要求也要更高些。彩圖不僅在讀者的視覺效果上顯得更為自然和
美觀，而且作為史料，它們也包含了更多的歷史和文化資訊。例如人物
的服飾，從皇帝龍袍、李鴻章的黃袍馬褂，直至義和團、清軍服裝和外
國官兵的制服等，如果不是彩色的，讀者對它們的印象肯定會打折扣。
同理，插圖中的各種旗幟和建築如果不是彩色的話，也難以達到理想效
果。原本是黑白兩色的插圖，一旦上色之後，其面貌便煥然一新，讓人
留下的印象也會更加深刻。倫敦和巴黎我都去過，在我的印象裡，法國
人似乎比英國人更具藝術細胞，對色彩也更加敏感。羅浮宮和凡爾賽宮
的裝飾風格就遠比大英博物館和白金漢宮更為奢華和絢麗多彩。我原本
對英國教堂的彩繪玻璃和內部裝飾印象頗深，但是在參觀了巴黎的幾個
大教堂之後，才知道我所見過的那幾個英國大教堂跟巴黎的大教堂相
比，在藝術品味上可謂是小巫見大巫。是否由於這個原因，才使得早期
法語報刊中會有如此多的彩色圖片？

　　然而遺憾的是，我的第三個印象：法國人對中國人形象的描繪似乎
比英國人誇張，尤其清兵的形象就整體而言在此書中顯得醜陋。相對於
法國畫家的漫畫風格來說，英國畫家的繪畫風格就要更為寫實得多。在
同一時期的《倫敦新聞畫報》(The Illustrated London News) 插圖中不乏中
國人在各種場合、各種類型的形象：模樣俊俏的少女和少婦、天真可愛
的兒童、平和純樸的農民、健壯陽光的黃包車夫和年輕小夥子等。我相
信法國畫家對中國人的形象也一定會有更多角度的描繪和刻劃，所以我
希望，能在不久的將來，再編輯一本續集，能容納不同年代的反映中國
的法國報紙雜誌，能夠看到更加陽光、美好的中國人形象。

1891

Le Petit Journal

TOUS LES VENDREDIS
Le Supplément illustré
5 Centimes

SUPPLÉMENT ILLUSTRÉ
Huit pages : CINQ centimes

TOUS LES JOURS
Le Petit Journal
5 Centimes

Deuxième Année　　　SAMEDI 19 DÉCEMBRE 1891　　　Numéro !

《小日報》（插圖附加版）
LE PETIT JOURNAL (SUPPLÉMENT ILLUSTRÉ)

西元 1891 年 12 月 19 日　星期六
第 56 期

Nº 56,
SAMEDI 19 DÉCEMBRE 1891

年度事件

6 月 14 日，光緒帝批准李鴻章等人奏摺，同意在膠州灣設防，此為青島建置之始

6 月 26 日，清政府北洋艦隊啟程訪問日本

10 月，熱河地區爆發金丹道起義

康有為開設「萬木草堂」

長江流域發生多起教案

中國的大屠殺

縱火

LES MASSACRES EN CHINE

Incendies

《小日報》
LE PETIT JOURNAL

西元 1891 年 12 月 19 日　星期六
第 56 期

Nº 56,
SAMEDI 19 DÉCEMBRE 1891

　　西元 1891 年 4、5 月間，揚州、蕪湖、丹陽、無錫、九江、宜昌等地接連發生教堂被毀、教士被殺的教案，也成為了「義和團事件」之前最為嚴重的反教事件，一時間各國駛入長江流域的護僑軍艦達二十艘。經在華傳教士多方搜尋，發現大多數反洋教書籍均是一個名叫周漢的書商所刻。各國公使向清廷及湖廣總督張之洞施壓，要求嚴查此事。

　　周漢，西元 1841 年出生，湖南寧鄉人，曾投身軍旅，累積軍功被薦為山西補用道，獲二品頂戴。西元 1884 年後居住於長沙。

　　張之洞鑒於周在湖南地區的影響，建議將周發送到甘肅或新疆任職。總理衙門駁回並強令張之洞立刻處理周漢一案，不得拖延。此前李鴻章曾出主意調查周漢的經濟問題，並以此懲處周漢，既不碰觸民意，也給洋人一個交代。但湖廣方面經調查給出了一個「周漢乃精神病患者」的結論。

　　西元 1897 年列強掀起過瓜分中國的狂潮，周漢再度在長沙公布反洋文告。湖南巡撫陳寶箴認為周漢會再引起禍端，就派人將其從寧鄉老家拘回長沙看管。結果寧鄉生員罷考，長沙士紳也表示聲援，陳只好把周扔給張之洞，提出將周押到武漢審訊。張之洞堅決拒絕這個燙手山芋。陳寶箴不得不仿照當年，再次給出周漢患有「精神病」的結論，將其交特殊監獄監禁。

中國的大屠殺

虐殺

LES MASSACRE EN CHINE

Supplices

選自《畫刊》，1900 年 7 月 28 日。
一本宣講抗擊外國入侵者戰爭的暢銷畫冊的影印本，
這本畫冊西元 1891 年出版於湖南省長沙市。

中國的民族主義

LE NATIONALISME EN CHINE

1893

1ème année Nº 41　　EDITION D'AMATEUR　　Dimanche 8 octobre

SOLEIL DU DIMANCHE
L'Illustré

《插圖版禮拜日的太陽》

L'ILLUSTRÉ SOLEIL DU DIMANCHE

西元 1893 年 10 月 8 日　　星期日

第 41 期

Nº 41,

DIMANCHE 8 OCTOBRE 1893

年度事件

法國征服越南

張之洞創辦漢陽鐵廠、自強學堂

《中英藏印續約》簽訂

對在華基督徒的最新一輪屠殺

水彩畫，德帕里斯先生繪

LES DERNIERSMASSACRES DE CHRÉISTIENS EN CHINE

Aquarelles de M. De Parys

1893

1894

Le Petit Journal

TOUS LES JOURS
Le Petit Journal
5 Centimes

SUPPLÉMENT ILLUSTRÉ
Huit pages : CINQ centimes

TOUS LES DIMANCHES
Le Supplément illustré
5 Centimes

| Cinquième année | LUNDI 13 AOUT 1894 | Numéro 195 |

《小日報》（插圖附加版）

LE PETIT JOURNAL (SUPPLÉMENT ILLUSTRÉ)

西元 1894 年 8 月 13 日　星期一

第 195 期

N° 195,
LUNDI 13 AOÛT 1894

年度事件

6 月 11 日，清軍指揮官葉志超不戰而走，致使日軍占領平壤

7 月 25 日，豐島海戰爆發

8 月 1 日，清廷被迫正式向日本宣戰，是為中日甲午戰爭的開始

9 月 17 日，甲午黃海海戰開始

11 月 21 日，日軍攻占「東亞第一堡壘」旅順口後，進行了野蠻的旅順大屠殺

11 月 24 日，孫中山在夏威夷檀香山建立了中國第一個資產階級革命團體——興中會

朝鮮事件

首爾騷亂

LES ÉVÉNTMENTS DE CORÉE

Agitation à Seoul

《小日報》（插圖附加版）
LE PETIT JOURNAL (SUPPLÉMENT ILLUSTRÉ)

西元 1894 年 8 月 13 日　星期一

第 195 期

Nº 195,
LUNDI 13 AOÛT 1894

西元 1894 年 7 月 25 日，清政府僱用的英國商船高升號從塘沽起航，運送中國士兵前往朝鮮牙山，遭埋伏在豐島附近海面的日本浪速號巡洋艦偷襲被擊沉，船上大部分官兵殉國，史稱高升號事件。

朝鮮事件

一艘清軍水師兵船被日軍擊沉

LES ÉVÉNTMENTS EN CORÉE

Un Vaisseau Chinois coulé par les japonais

《小日報》（插圖附加版）
LE PETIT JOURNAL (SUPPLÉMENT ILLUSTRÉ)

西元 1894 年 9 月 17 日　星期一

第 200 期

Nº 200,
LUNDI 17 SEPTEMBRE 1894

　　西元 1894 年 4 月 18 日，就在中日戰爭爆發前夕，法國政府新任命的駐華公使施阿蘭（Auguste Gérard）抵達北京，其除了保全與維護法國在中國所有的既得權益和特權外，另一項重要任務就是與中國劃定中越邊界，進一步開拓中越之間的交通與貿易關係。中日開戰，無疑是法國實現這一目的的良機。

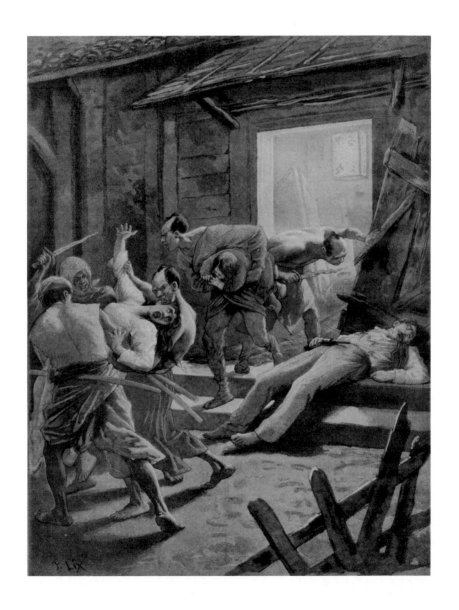

一名法籍大清海關稅務司被中國人所謀殺

ASSASSINAT PAR LES CHINOIS D'UN CONTRÔLEUR DES
DOUANES FRANÇAISES

《小日報》（插圖附加版）
LE PETIT JOURNAL (SUPPLÉMENT ILLUSTRÉ)

西元 1894 年 10 月 29 日　星期一

第 206 期

N⁰ 206,
LUNDI 29 OCTOBRE 1894

一幅日本畫
一名日本軍官奪取清軍旗幟

UN DESSIN JAPONAIS
Prise d'un drapeau chinois par un officier Japonais

1895

Le Petit Journal

Le Petit Journal
CHAQUE JOUR 5 CENTIMES
Le Supplément illustré
CHAQUE SEMAINE 5 CENTIMES

SUPPLÉMENT ILLUSTRÉ
Huit pages : CINQ centimes

ABONNEMENTS

PARIS	10.	2 fr.	3 fr. 50
DÉPARTEMENTS	10.	2 fr.	4 fr.
ÉTRANGER	1 50	2 50	5 fr.

xieme année

DIMANCHE 6 JANVIER 1895

Numero 216

《小日報》

LE PETIT JOURNAL

西元 1895 年 1 月 6 日　星期日

第 216 期

N⁰216,

DIMANCHE 6 JANVIER 1895

年度事件

1 月下旬至 2 月初，威海戰役中北洋艦隊全軍覆沒

2 月 13 日，清政府任命李鴻章為「頭等全權大臣」赴日議和

4 月 17 日，《馬關條約》簽訂，割遼東半島、臺灣、澎湖列島給日本，賠償日本軍費白銀二萬萬兩

5 月 2 日，康有為聯合在北京會試的各省舉人一千三百多人於松筠庵商議，聯名上書光緒皇帝，史稱「公車上書」

5 月 5 日，在俄、德、法等國的干預下，日本政府宣告願意放棄遼東半島，但清政府須加付「贖地費」白銀三千萬兩

5 月 25 日，「臺灣民主國」建立，唐景崧出任總統

8 月 17 日，康有為在北京創辦《萬國公報》（後改為《中外紀聞》）

10 月 26 日，孫中山策劃的第一次廣州起義失敗，陸皓東被捕

12 月 8 日，清政府命浙江溫處道袁世凱在天津小站督練「新建陸軍」（小站練兵）

12 月 27 日，張之洞奏請編練自強軍、修築滬寧鐵路及舉辦郵政

中日甲午戰爭
上海港

LA GUERRE SINO-JAPONAISE

Porte de Shang-Hai

《小日報》（插圖附加版）
LE PETIT JOURNAL (SUPPLÉMENT ILLUSTRÉ)

西元 1895 年 1 月 20 日　星期日

第 218 期

Nº218,

DIMANCHE 20 JANVIER 1895

　　西元 1894 年 11 月 12 日，中日激戰正酣，光緒帝在文華殿接見了英、法、俄、美、西班牙、比利時、瑞典等國駐華公使，並親自用滿語致答詞。早在一天前（11 月 11 日），光緒帝就想在各國使臣覲見時「賜寶星（勳章）」，以加強與各國的連結。這次覲見也成了光緒帝力圖擺脫傳統外交（天朝體系下的華夷秩序）的束縛，在程序上向近代外交靠攏的嘗試。參加覲見的法國公使施阿蘭後來評論：「這次覲見本身象徵著西方與中國關係史上的一個新紀元。這是破天荒第一遭讓君王神聖不可接近和不可仰望的信條（直到那天為止，中國禮儀使它帶上偶像崇拜的性質），被純粹的外交禮儀所替代。」

法國公使施阿蘭先生覲見清朝皇帝

M. GERARD, AMBASSADEUR DE FRANCE,
REÇU PAR L'EMPEREUR DE CHINE

《小日報》（插圖附加版）
LE PETIT JOURNAL (SUPPLÉMENT ILLUSTRÉ)

西元 1895 年 8 月 25 日　星期日

第 249 期

N⁰249,

DIMANCHE　25　AOÛT　1895

　　黑旗軍原本是太平天國革命期間，活動於中國兩廣邊境的一支地方上的軍隊，因以七星黑旗為軍旗而得名。西元 1865 年，黑旗軍首領劉永福率部加入以吳亞忠為首的天地會起義軍。西元 1867 年由於清軍的進攻，黑旗軍進駐保勝（今越南老街）。後因抗擊法軍的英勇表現，劉永福被越南國王授予三宣副提督之職。中法戰爭中更是協同老將馮子材的部隊，創造了打死法軍 74 人的鎮南關大捷，從而扭轉了戰爭形勢。之後，劉永福返回中國，部隊被清廷解散。甲午戰爭中黑旗軍奉命重組後，由劉永福率領進駐臺灣島，後日軍入侵，將士大多戰死。

黑旗軍的一名法國俘虜

卡雷爾先生被俘

UN FRANÇAIS PRISONNIER DES PARVILLON-NOIRS

Captivité de M. Carrere

1895

1896

Le Petit Journal

Le Petit Journal
CINQUE JOUR 5 CENTIMES
Le Supplément illustré
CHAQUE SEMAINE 5 CENTIMES

SUPPLÉMENT ILLUSTRÉ
Huit pages : CINQ centimes

ABONNEMENTS

	SIX MOIS	UN AN
SEINE ET SEINE-ET-OISE	2 fr.	3 fr. 50
DÉPARTEMENTS	2 fr.	4 fr.
ÉTRANGER	2.50	5 fr.

septième année   DIMANCHE 26 JUILLET 1896   Numéro 297

《小日報》（插圖附加版）
LE PETIT JOURNAL (SUPPLÉMENT ILLUSTRÉ)

西元 1896 年 7 月 26 日　星期日

第 297 期

N⁰297,

DIMANCHE 26 JUILLET 1896

　　西元 1895 年，中國剛剛經歷了中日甲午戰爭的慘敗和喪權辱國《馬關條約》的簽訂這兩大事件。時任直隸總督兼北洋大臣，並作為欽差大臣簽訂《馬關條約》的李鴻章，一時間名譽掃地。清廷革除了他所有的實職，只讓他保留了文華殿大學士的虛銜。

　　第二年，俄國政府邀請清政府派人參加同年 5 月 26 日俄國沙皇尼古拉二世（Nicholas II）的登基加冕，同時還想跟中國討論如何限制日本在中國東北的利益等問題。清廷便決定派賦閒在家的李鴻章作為特命全權大使率領使團赴俄，並同時順訪德、荷、比、法、英、美、加等歐美國家。當時李鴻章年已古稀，且是首次出訪歐美，所以隨行行列中不僅有一口為他準備的楠木棺材，而且還有一個裝生蛋母雞的雞籠。

　　西元 1896 年 3 月 28 日，李鴻章一行乘法輪從上海出發，經太平洋、印度洋和蘇伊士運河，又改乘俄輪於 4 月 27 日抵達俄國黑海港口敖得

薩，從那裡改乘火車前往聖彼得堡。在俄國，李鴻章使團一共逗留了 45 天。在這段時間中，李鴻章一直是輿論關注的要點。在沙皇的加冕儀式上，有一個儀式是樂隊高奏各國國歌。但當時的清朝並沒有國歌，於是李鴻章便起身扯著嗓子唱了一段家鄉安徽的廬劇，以代替國歌。5 月 27 日，各國顯要入宮祝賀時，李鴻章在首席賀臣的貴賓之列，風光一時。除了參加沙皇尼古拉二世的加冕儀式之外，李鴻章還跟尼古拉二世進行了兩次祕密會談，以商討談判簽約《中俄密約》一事。

6 月 11 日，李鴻章一行乘火車離開俄國，並於 13 日抵達德國柏林，受到了盛大歡迎。6 月 14 日下午，李鴻章前往皇宮覲見了德國皇帝威廉二世（Wilhelm II），呈交國書，並致賀詞。第二天，他又拜訪德國的外長馬歇爾，與其進行了交談。幾天後，他應邀參觀了德國軍隊，對其精良裝備和高昂士氣留下了深刻的印象。6 月 25 日，他又趕往漢堡附近的弗里德里希斯魯，拜訪了德國前首相俾斯麥（Otto von Bismarck）。後者設家宴招待，並與他相談甚歡。在德國逗留期間，李鴻章還接受德國商界的宴請，應邀參觀了德國工廠，並在克虜伯兵工廠訂購了大炮。

7 月 4 日，李鴻章使團乘火車離開德國，到達荷蘭首都海牙。5 日晚，荷蘭政府為他舉行了盛大的招待會和晚會，李鴻章在看完歌舞表演後，當場賦詩一首：「出入承明四十年，忽來海外地行仙，華筵盛會娛絲竹，千歲燈花喜報傳。」他還被授予一枚金獅子大十字寶星勳章。

7 月 8 日，李鴻章使團離開荷蘭，到達比利時首都布魯塞爾。第二天，他覲見了比利時國王利奧波德二世（Leopold II of Belgium），並跟後者討論了修建盧漢鐵路的問題。在比利時訪問期間，李鴻章還觀看了軍事演習、參觀了兵工廠。兵工廠的產品美不勝收，令他倍加讚賞。兵工廠的老闆見他這麼喜歡，就表示願意送一門大炮給他。後來這門大炮果然被送到了北京。

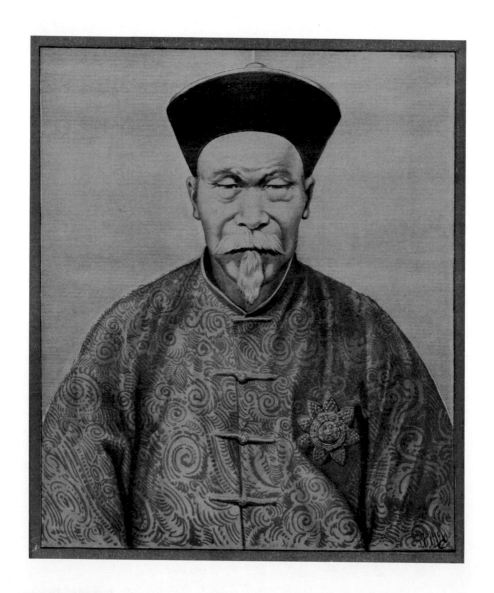

法國的貴賓

清朝特命全權大使李鴻章總督

LES HOTES DE LA FRANCE

Le Vice-Roi Li-Hung-Chang, Ambassadeur Extrordinaire de Chine

7月13日，李鴻章趕在法國國慶節的前夕來到了巴黎，並受到了盛大的歡迎。在法國國慶節那一天（7月14日），李鴻章去愛麗舍宮覲見了法國總統福爾（Félix Faure），應邀觀看了國慶節的軍事表演，還參加了其他的國慶活動。晚上，他夜遊塞納河，充分感受到了法國人的浪漫。兩天後，法國政府還特地為他舉行了一場歡迎晚會。李鴻章訪問法國的一項重要任務是跟法國外長漢諾瓦談判「照鎊加稅」的事宜，及要求增加法國出口中國貨物的關稅。但是法方提出了苛刻的條件，令李鴻章無法接受。

　　8月2日，在結束了對法國的訪問之後，李鴻章使團乘坐法輪渡過了英吉利海峽，開始了對英國的20天訪問。8月4日，李鴻章拜見英國首相兼外長索爾斯伯利（Salisbury），並跟他談了增加關稅的可能性。但對方堅持不鬆口，使李鴻章感到十分失望。為了觀看英國海軍的演習，李鴻章專程趕到了樸茨茅斯，並在港口受到了19響禮炮的禮遇。英國海軍在排陣布局上的訓練有素讓他留下了難忘的印象。在參觀造船廠的過程中，他對各種艦船的效能和裝備表現出了極大的興趣。之後，他專程去覲見了維多利亞女王。女王給予他極高的禮遇，並且授予他維多利亞頭等大十字寶星勛章。8月15日，李鴻章訪問了格林威治的天文臺，同時接受了海底電纜公司總辦的宴請。總辦贈予他兩條一英尺長的海底電纜，並且在參觀電報局時當場向上海招商局發了一封68字的電報。25分鐘後，李鴻章便收到了盛宣懷的回電。電報通訊的神速令他感嘆不已。

　　8月24日，李鴻章使團從倫敦啟程前往美國，準備開始他的環球旅行最後一站的訪問。28日那天，輪船抵達了紐約。第二天，美國總統克里夫蘭（Cleveland）在寓所中接見了李鴻章，後者轉交了光緒皇帝和慈禧太后給美國總統的信。9月2日，李鴻章會見美國傳教士和商人代表，以及在美華人的代表和報社記者，同時發表了反對美國排華法案的著名

演說。9 月 6 日，李鴻章使團乘快班車離開美國前往加拿大，並從加拿大坐輪船返回中國。

李鴻章此次出訪歐美，從 3 月 28 日離開上海，到 10 月 3 日回到天津，前後共 190 天。其行程跨四大洲、三大洋，水陸兼程 9 萬多里，遍訪歐美 8 個國家，創下了中國外交史上的一個里程碑。

李（鴻章）

《名利場》[01] 西元 1896 年 8 月 13 日 *VANITY FAIR, AUG 13, 1896*

李（鴻章）

「Li」

---

[01] 又譯為「浮華世界」，美國著名文化生活類時尚雜誌，內容包括政治、名人、圖書、幽默、新聞、藝術和攝影。

1898

Le Petit Journal

Le Petit Journal
CHAQUE JOUR 5 CENTIMES
Le Supplément illustré
CHAQUE SEMAINE 5 CENTIMES

SUPPLÉMENT ILLUSTRÉ
Huit pages : CINQ centimes

ABONNEMENTS

	SIX MOIS	UN AN
SEINE, ET SEINE-ET-OISE	2 fr.	3 fr. 50
DÉPARTEMENTS	2 fr.	4 fr.
ÉTRANGER	2.50	5 fr.

Neuvième année   DIMANCHE 16 JANVIER 1898   Numéro 374

《小日報》（插圖附加版）
LE PETIT JOURNAL (SUPPLÉMENT ILLUSTRÉ)

西元 1898 年 1 月 16 日　星期日

第 374 期

N.º 374,

DIMANCHE 16 JANVIER 1898

年度事件

6 月 9 日，《展拓香港界址專條》在北京簽訂，英國強行租借界限街以北、深圳河以南的九龍半島北部以及附近大小 235 個島嶼（後統稱「新界」），租期 99 年

6 月 11 日，光緒皇帝頒布《明定國是詔》，表達變更體制的決心，百日維新拉開序幕

9 月 21 日，慈禧太后發動戊戌政變，囚禁光緒帝於中南海瀛臺，變法宣告失敗

西元 1898 年，在美西戰爭中獲得勝利的美國人發現，中國已被列強瓜分完畢。為了維護本國利益，西元 1899 年，美國國務卿海約翰（John Milton Hay）先後向英、俄等六國政府發出照會，提出了「門戶開放」政策，要求貿易均等，「利益均霑」

在中國

國王和……皇帝們的蛋糕

EN CHINE

Le Gâteur des Rois et... des Empereurs

《插圖版禮拜日的太陽》
L'ILLUSTRÉ SOLEIL DU DIMANCHE

西元 1898 年 6 月 26 日　星期日
第 26 期

N⁰26,
DIMANCHE 26 JUIN 1898

永安教案與法國天主教傳教士蘇安寧司鐸

西元 1898 年 4 月 21 日，廣西爆發了震驚中外的「永安教案」，法國天主教傳教士蘇安寧司鐸（Père Bertholet）和他的兩位中國助手和傳道師遭到永安州當地一群人的追殺，釀成血案。這究竟是怎麼一回事呢？此教案的來龍去脈如下：

從西元 1886 年起，法國天主教在廣西省的象州縣的龍女村建立了傳教點，並以此為據點，不斷地向周邊地區擴展。西元 1890 年，蘇安寧出任了龍女村教堂的本堂司鐸之後，更是加速了當地的傳教活動，並逐漸將天主教的勢力擴展到了象州周邊的修仁、荔浦和永福等縣。西元 1898 年 3 月 25 日，蘇安寧帶著本地傳道師唐啟虞等助手前往附近的永安州，試圖在那裡開闢新的傳教站。在當地東平里蒙寨村村民羅天生的幫助下，很快就在那裡發展出了一批教徒。為了鞏固這一成果，他開始策劃在永安建造一座教堂。

西元 1898 年 4 月 21 日，蘇安寧一行在一些教徒的陪同下，前往修仁縣，去向那裡的天主教堂請求資金和工程師方面的援助。永安州的縣官甚至還派了一隊士兵護送蘇安寧一行上路。途徑古排塘村時天已晌午，他們便停下來休息和吃午飯。在村裡聯興酒館的牆上他們看到了一張禁止當地人入教的揭帖，便與店主李元康發生了爭執。然而該酒館是當地幾個村莊的地方軍隊團練聯合經營的，而古排塘村的鄉紳黃政球是酒館的最大股東。當黃政球得知消息後，便率領一批人趕來援助店主李元康時，蘇安寧拔出了手槍，試圖進行抵抗。於是衝突迅速升級，其結果就是蘇安寧和他的兩名本地助手唐啟虞和彭亞昌這兩名傳道師被殺，造成了「永安教案」這場悲劇。

永安州的中國狂徒殺害
法國傳教士蘇安寧司鐸及兩名中國傳道師
丹布朗先生繪畫

MASSACRE D' UN MISSIONAIRE, LE PÈRE BERThOLET,
ET DE DEUX DE SES CATÉCHUMÈNES PAR DES CHINOIS
FANATIQUES, À TUNGKIANG–TCHEOU.

Composition de M. Damblans

《國家畫報》
L'illustré National

西元 1898 年 7 月 31 日　　星期日

第 25 期發行第 1 年

Nº25, 1er Année,
Dimanche 31 Juillet 1898

黑旗軍在梧州叛亂

LRVODSVLEEPAAT

ÉILLONS-NOIRS A WOU-TCHAOU

1898

1899

《虔誠者報》
LE PÈLERIN

西元 1899 年 4 月 16 日　星期日

第 1163 期

N⁰ 1163,
DIMANCHE 16 AVRIL 1899

維克托林司鐸殉難

維克托林司鐸在樹上吊了五天之後慘遭斬首，
而且劊子手們還不停地蹂躪他的屍體

LE MARTYRE DU P. VICTORIN

Après que le P.
Victorin fut resté suspendu par les mains à un arbre pendant cinq jours,
il fut décapité et les bourreaux s'acharnerent son corps.

Le Petit Journal

Le Petit Journal
CHAQUE JOUR 5 CENTIMES
Le Supplément illustré
CHAQUE SEMAINE 5 CENTIMES

SUPPLÉMENT ILLUSTRÉ
Huit pages : CINQ centimes

ABONNEMENTS

	SIX MOIS	UN AN
SEINE ET SEINE-ET-OISE	2 fr.	3 fr. 50
DEPARTEMENTS	2 fr.	4 fr.
ETRANGER	2 50	5 fr.

Dixième année　　　DIMANCHE 3 DÉCEMBRE 1899　　　Numéro 472

《小日報》（插圖附加版）

LE PETIT JOURNAL (SUPPLÉMENT ILLUSTRÉ)

西元 1899 年 12 月 3 日　星期日

第 472 期

N⍛472,

DIMANCHE 3 DÉCEMBRE 1899

年度事件

7 月 20 日，康有為創立保皇會

俄羅斯租借旅順

義和團興起，山東滕縣民間祕密結社風靡一時

「湛江人民抗法鬥爭」：西元 1898 年－1899 年間，湛江地區發生了一場以農民為主力、地方官紳和各界人士參與的反抗法國強租「廣州灣」的大規模武力鬥爭。因主要發生在當時的遂溪縣東南沿海地區，又稱「遂溪抗法鬥爭」。

兩位法國軍官在廣州灣被謀殺

DEUX OFFICIERS FRANÇAIS
ASSASSINÉS A GUANG-TCHEOU-WAN

1900

《小巴黎人報》
LE PETIT PARISIEN

1900 年 1 月 21 日　星期日

第 572 期

N⁰572,
DIMANCHE 21 Janvier 1900

法軍與清軍交戰

泉州灣戰役

ENTRE FRANCAIS ET CHINOIS

Le combat de Quan-Chau-Wan

Douzième année — N° 593. Huit pages : CINQ centimes Dimanche 17 Juin 1900.

Le Petit Parisien

SUPPLÉMENT LITTÉRAIRE ILLUSTRÉ

DIRECTION: 18, rue d'Enghien, PARIS

TOUS LES JOURS
Le Petit Parisien
5 CENTIMES.

TOUS LES JEUDIS
SUPPLÉMENT LITTÉRAIRE
5 CENTIMES.

《小巴黎人報》（插圖文學附加版）
LE PETIT PARISIEN
(SUPPLÉMENT LITTÉRAIRE ILLUSTRÉ)

1900 年 6 月 17 日　星期日

第 593 期

N⁰ 593,

DIMANCHE 17 JUIN 1900

年度事件

1 月 5 日，清廷批准法國租借廣州灣並訂立條約

1 月 9 日，山東義和團數百人，將直隸清河大寨莊教堂焚毀後返回山東

1 月 24 日，慈禧太后詔立端王載漪之子溥儁為大阿哥

4 月 5 日，北京出現義和團壇口和揭帖，宣稱「消滅洋鬼子之日，便是風調雨順之時」

4 月 10 日，袁世凱鎮壓山東義和團。

5 月 24 日，各國公使照會清廷，將駐軍北京使館

6 月 6 日，慈禧太后決定利用義和團抵禦洋人

6 月 7 日，義和團大批湧入北京

6 月 10 日，西摩爾（Edward Seymour）率英、美、奧、義、俄、法、德、日八國聯軍兩千餘人，向北京出發

6 月 13 日，八國聯軍在廊坊遭義和團襲擊

6 月 16 日，慈禧太后向列強各國宣戰

6 月 17 日，八國聯軍攻陷天津大沽炮臺

6 月 20 日，德國公使克林德（Clemens von Ketteler）被清軍開槍打死

7 月 7 日至 13 日，清軍日夜炮擊北京使館

7 月 14 日，八國聯軍從大沽口進攻天津後，血洗天津

7 月 17 日，俄軍屠滅江東六十四屯居民

8 月 3 日，俄軍大舉入侵東北

8 月 5 日，盛宣懷向英大東公司、丹麥大北公司借款 21 萬英鎊，架大沽至上海海底電線

8 月 15 日，北京淪陷，慈禧太后帶著光緒帝等出京西逃

8 月 19 日，俄軍闖入頤和園，大肆搶劫

8 月 20 日，清廷以光緒帝名義發表「罪己詔」，向列強致歉

10 月 11 日，李鴻章抵京議和

10 月 26 日，慈禧太后等逃至西安

11 月 13 日，清廷被迫將十名王公大臣革除

11 月 10 日，八國聯軍成立「管理北京委員會」

11 月 27 日，清廷接受列強提出的《議和大綱》12 款

義和團

LES BOXEURS CHINOIS

《小日報》（插圖附加版）
LE PETIT JOURNAL (SUPPLÉMENT ILLUSTRÉ)

1900 年 6 月 17 日　星期日

第 505 期

Nº 505,

DIMANCHE 17 JUIN 1900

總理衙門

　　總理衙門，全稱總理各國事務衙門，是清政府中主管洋務和外交事務，並兼管通商、海防、關稅、路礦、郵電、軍工、同文館、派遣留學生等事務的機構。它成立於西元 1861 年 3 月 1 日，即在第二次鴉片戰爭失敗之後，而在義和團運動失敗之後的 1901 年，根據《辛丑條約》第 12 款，總理衙門正式改名為「外務部」。

　　總理衙門由王公大臣或軍機大臣兼領，並仿軍機處體例，設大臣、章京兩級職官。有總理大臣、總理大臣上行走、總理大臣上學習行走、辦事大臣。初設時，奕訢、桂良、文祥 3 人為大臣，此後人數略有增加，從七、八人至十多人不等，其中奕訢任職時間長達 28 年之久。大臣下設總辦章京（滿漢各兩人）、幫辦章京（滿漢各一人）、章京（滿漢各 10 人）、額外章京（滿漢各 8 人）。但該機構主要負責外交事務的執行而非決策，決策權主要掌握於皇帝（實權在於慈禧太后）以及軍機大臣決定，由於早期負責的恭親王和文祥都是具有影響力的軍機大臣，因此其提案大多能獲通過。西元 1860 年代在恭親王領導下，總理衙門在外交事務的處理上有較多的發揮，包括處理《北京條約》之後的善後事宜，西元 1866 年出訪歐洲的斌椿、蒲安臣等使團，西元 1868 年的《天津條約》修約相關問題，以及海關事務的處理等。除了外交事務之外，總理衙門也是早

期自強運動中各種洋務事業的領導者，一方面它可用於聽取包括外國使臣以及負責海關的赫德（Robert Hart）等西方人士的建議，來推行和提倡相關事業，另一方面，恭親王等總理大臣本身也是實權人物，因此總理衙門也實際推動包括新式教育、交通、工業、經濟，尤其海關、軍事等現代化建設。但當時西方人卻老是認為它因循守舊，常因拖沓而誤事；而保守派則批評它崇洋媚外，出賣中國利益。總理衙門在西元 1870 年以後在北方洋務事業的重要性也逐漸下降，其領導地位逐漸由李鴻章在天津的通商大臣兼直隸總督的地位所取代。但李鴻章於 1901 年去世之後，已改名為外務部的原總理衙門再次成為清政府的最高外交機構。

總理衙門的東院院落內是隸屬於總理衙門的京師同文館。這是中國最早一所教授西方知識的官辦外語學院、外交學院和文理學院，為清末民初的外交事業和現代化建設培養了不少人才。同文館在 1900 年的義和團運動中受到了很大破壞。1903 年它被併入京師大學堂，並改名為譯學館。

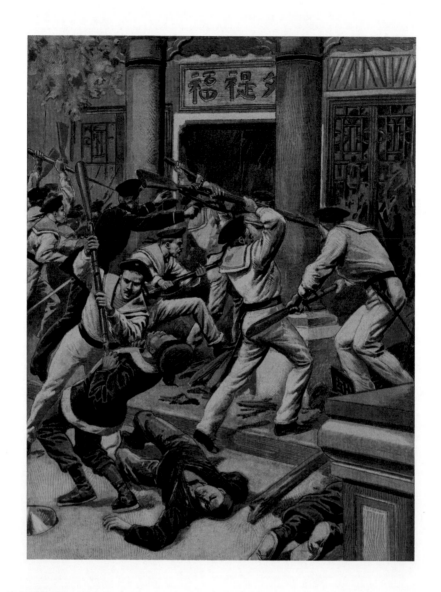

中國事件

德國水兵攻擊總理衙門

LES ÉVÉNEMENTS DE CHINE

Les marins Allemands brûlent Les Tsung-Li-Yamen

《小日報》（插圖附加版）
LE PETIT JOURNAL (SUPPLÉMENT ILLUSTRÉ)

1900 年 6 月 24 日　星期日

第 501 期

Nº 501,

DIMANCHE 24 JUIN 1900

義和團運動

　　義和團早期又稱義和拳，義和團運動（亦稱拳亂）是 19 世紀末以「扶清滅洋」為口號的一場農民運動，其抗爭的矛頭不僅針對在華的所有外國人，而且也針對接受洋教的中國基督徒，其結果就是它不僅招來了八國聯軍的嚴厲鎮壓，同時也加速了清朝的滅亡。

　　義和團運動起源於山東、直隸（今河北）等地的民間祕密會社。他們透過設立神壇、畫符請神和聚眾練拳等方式積蓄勢力，並愚昧地相信他們所練之拳是鐵布衫和金鐘罩，真的可以保佑他們刀槍不入。早期的義和拳就跟清朝的許多祕密會社那樣是反對滿清王朝的，但是隨著中國國內的主要矛盾從滿漢之爭逐漸演變為中外之爭，義和團也開始與時俱進地推出了支持清朝，反對洋人的策略。西元 1898 年，義和團的一位首領趙三多喊出了「扶清滅洋」的口號。它很快就成為了義和團運動的宗旨。

　　隨著華北地區自然災害和教案的頻繁發生，1900 年春天義和團運動就像燎原的野火一般在直隸省蔓延開來。義和團的成員們在各地攻擊並燒毀教堂，圍攻和殺害基督徒，並將矛頭對準了來華的西方傳教士和在華的所有外國人。在清廷的縱容和祕密引導下，義和團組織先是對天津租界發起了攻擊，然後又大量湧入了北京。端郡王載漪和莊親王載勛將他們改編成「虎神營」，與清軍一起成為了反洋的勢力。在以載漪和載勛

為代表的主戰派的誘導和逼迫下，慈禧太后於同年 6 月 19 日同時向英、美、法、德、俄、日、義、奧，以及比利時、荷蘭和西班牙等 11 國宣戰，並下了最後通牒，要在京的所有外國人在 24 小時之內離開北京。從而引發了八國聯軍攻打天津和北京的戰爭。

在義和團運動中，其成員們殺害了不少本地的基督徒，摧毀了數目甚多的教會學校和在京的兩個著名教會大學 —— 匯文大學堂和潞河書院，以及搶劫了有傳教士任教的京師大學堂。但是在對外國人的戰鬥中卻並無任何值得稱道的建樹。為此，在義和團運動的後期，義和團遭到了清政府的拋棄和鎮壓。

1901 年，戰敗的清王朝被迫與上述 11 個國家簽訂了喪權辱國的《辛丑條約》。

中國事件

義和團拳民們

LES ÉVÉNEMENTS DE CHINE

Les Boxeurs

| TOUS LES JOURS
e Petit Parisien
5 CENTIMES. | SUPPLÉMENT LITTÉRAIRE ILLUSTRÉ
DIRECTION: 18, rue d'Enghien, PARIS | TOUS LES JEUDIS
SUPPLÉMENT LITTÉRAIRE
5 CENTIMES |

《小巴黎人報》
LE PETIT PARISIEN

1900 年 7 月 1 日　星期日

第 595 期

N⁰ 595,

DIMANCHE 1er JUILLET 1900

八旗兵與綠營兵

　　清軍大致可以分為兩個部分，即八旗兵與綠營兵。在正常情況下，八旗兵的編制為 20 萬人，綠營兵為 60 萬人，共達 80 萬人。

　　所謂八旗，是指滿洲原女真人部族的組織形式和軍事編制單位，以各單位旗幟的顏色命名，它們分別是正黃旗、正白旗、正紅旗、正藍旗、鑲黃旗、鑲白旗、鑲紅旗和鑲藍旗。努爾哈赤的軍隊便是由這八個旗的旗人所組成，被稱作「滿洲八旗」。他的兒子和繼位者皇太極清太宗後來又先後建立了「蒙古八旗」和「漢軍八旗」。所以，平時人們所說的八旗兵實際上共有 24 個旗。早期的八旗兵英勇善戰，擅長騎射，為清朝征服明朝立下了汗馬功勞。平定天下之後，清政府仍然十分重視這支訓練有素和裝備精良的嫡系部隊，並將它們主要部署在京師地區和各個重要的城市，以及其他的一些策略要地。在當時的外國人眼中，八旗兵無疑就是清軍中的中央軍和正規軍。

　　然而中國地域廣闊，20 萬精兵並不足以擔負起保家衛國的重任，所

以清軍入關之後，又陸續改編和新招了60萬人的漢人軍隊，因其採用綠色的旗幟，所以稱作綠營兵。綠營兵不歸清廷直接指揮，而是隸屬於各行省的地方政府，其職責主要是配合八旗兵的衛戍任務和軍事行動。一般來說，作為地方部隊的綠營兵紀律比較鬆懈，軍事素養不足，裝備也較差，所以其戰鬥力並不像八旗兵那麼強。因此，綠營兵被當時的外國人視為清軍中的雜牌軍和非正規軍。

中國事件
清朝八旗兵

LES ÉVÉNEMENTS DE CHINE

Les troupes régulières Chinoises

TOUS LES JOURS
e Petit Parisien
5 CENTIMES.

SUPPLÉMENT LITTÉRAIRE ILLUSTRÉ
DIRECTION: 18, rue d'Enghien, PARIS

TOUS LES JEUDIS
SUPPLÉMENT LITTÉRAIRE
5 CENTIMES

《多姆山導報》（週日插圖附加版）
LE MONITEUR DU PUY-DE-DOME (SUPPLÉMENT ILLUSTRÉDU DIMANCE)

1900 年 7 月 8 日　星期日
第 27 期　發行第 3 年

N⁰27, Troisième Année,
Dimanche 8 Juillet 1900

中國事件

攻占大沽口炮臺

LES ÉVÉNEMENTS DE CHINE

Prise des forts de Takou

《小日報》（插圖附加版）
LE PETIT JOURNAL (SUPPLÉMENT ILLUSTRÉ)

1900 年 7 月 8 日　星期日
第 503 期

N.º 503,
DIMANCHE 8 JUILLET 1900

西太后
中國的慈禧太后

SY-TAY-HEOU
Impératrice Douairière de Chine

《小巴黎人報》（插圖文學附加版）

LE PETIT PARISIEN
(SUPPLÉMENT LITTÉRAIRE ILLUSTRÉ)

1900 年 7 月 8 日　星期日
第 596 期

N̲ᵒ 596,
DIMANCHE 8 JUILLET 1900

中國事件
大沽口陷落

LES ÉVÉNEMENTS DE CHINE

La Prise de Takou

★ N° 297. 6° année. 14 Juillet 1900.　　　　15 centimes.

Le Rire

JOURNAL HUMORISTIQUE PARAISSANT LE SAMEDI

Un an : Paris, 8 fr.
Départements, 9 fr. Étranger, 11 fr.
Six mois : France, 5 fr. Étranger, 6 fr.

M. Félix JUVEN, Directeur. — Partie artistique : M. Arsène ALEXANDRE
La reproduction des dessins du RIRE est absolument interdite aux publications, françaises ou étrangères, sans autorisation

122, rue Réaumur, 122
PARIS
Les manuscrits et dessins non
insérés ne sont pas rendus.

《笑報》（每週六發行的幽默報刊）
LE RIRE (JOURNAL HUMORISTIQUE PARAISSANT LE SAMEDI)

1900 年 7 月 14 日
第 297 期　發行第 6 年

No 297,
6e année.　14 Juillet 1900

慈禧太后

　　慈禧（西元 1835 年－ 1908 年），又名葉赫那拉氏，咸豐皇帝的嬪妃，因成為同治帝的生母而被封號孝欽顯皇后。咸豐皇帝於西元 1861 年駕崩之後，慈禧太后透過垂簾聽政而獲得了清廷幕後的權力，成為了清朝晚期的實際統治者。

　　西元 1852 年，慈禧被選為宮女，號蘭貴人，次年晉封懿嬪；西元 1856 年因生同治帝而晉封懿貴妃。西元 1861 年咸豐死後，她與孝貞顯皇后（即慈安）兩宮並尊，後又聯合恭親王奕訢發動辛酉政變，誅顧命八大臣，奪取政權，形成「二宮垂簾，親王議政」的格局，史稱同治中興。西元 1873 年兩宮太后捲簾歸政。但西元 1875 年同治帝崩逝，她又擇其姪子載湉繼位，年號光緒，兩宮再度垂簾聽政。西元 1881 年慈安太后

去世，又因西元 1884 年「甲申易樞」罷免恭親王，慈禧從此之後便開始獨掌大權。西元 1889 年歸政於光緒，退隱頤和園；西元 1898 年，戊戌變法中帝黨密謀圍園殺後，慈禧發動戊戌政變，囚光緒帝，斬戊戌六君子，再度訓政。1900 年庚子國變後，慈禧痛定思痛，實行清末新政改革。1908 年 11 月 14 日，光緒帝駕崩，慈禧選擇三歲的溥儀作為新帝，即日尊為太皇太后，次日 17 點在儀鸞殿去世，葬於清東陵。

慈禧太后在清末的掌權時期與英國維多利亞女王（西元 1819 年－1901 年）的在位期間多有重合之處，所以西方人在評論慈禧太后在晚清這段歷史中所發揮的作用時，經常把她們兩人相提並論。然而清末又是中國喪權辱國、災難最為深重的一段時期，所以也有許多後人將慈禧太后視為使中國人淪為「東亞病夫」的罪魁禍首。

中國的慈禧太后

S. M. L'IMPÉRATRICE DOUAIRIERE DE CHINE

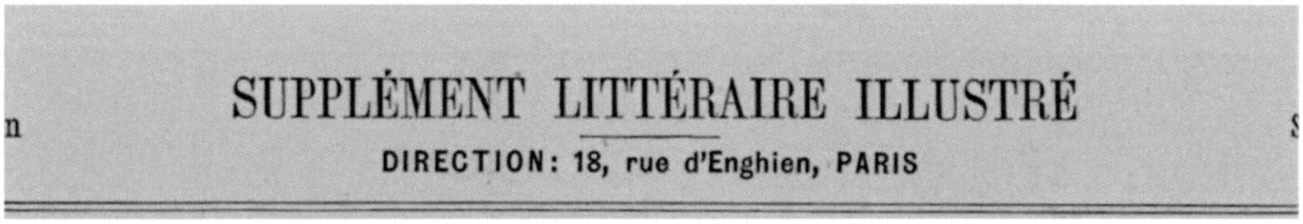

SUPPLÉMENT LITTÉRAIRE ILLUSTRÉ

DIRECTION: 18, rue d'Enghien, PARIS

《小巴黎人報》（插圖文學附加版）

LE PETIT PARISIEN
(SUPPLÉMENT LITTÉRAIRE ILLUSTRÉ)

1900 年 7 月 15 日　星期日

第 597 期

N.º 597,

DIMANCHE 15 JUILLET 1900

中國事件

殺死洋人！

LES ÉVÉNEMENTS DE CHINE

Mort aux étrangers !

《小日報》（插圖附加版）

LE PETIT JOURNAL (SUPPLÉMENT ILLUSTRÉ)

1900 年 7 月 15 日　星期日

第 504 期

N⁰504,

DIMANCHE 15 JUILLET 1900

受清軍兵勇保護的外國人

　　外國人在清代的中國旅行是一件非常困難的事情，這是由很多因素所造成的。首先是清朝的路況很差。當時大部分的貨運和客運都是走水路的，這是因為中國國內的大路很少，即使有的話，也往往是年久失修，高低不平，車輛很難在那些路上運行。其次是因為在路上很不安全，如果地處偏僻，或要翻山越嶺，則往往土匪和強盜出沒；如果只是在平原的鄉村和城市間旅行，也難免會碰上仇外反洋的人群，會釀成悲劇性的結果。另外，中國人的客棧往往相當擁擠，晚上很多人擠在一條炕上，衛生環境較差，食物也不對口，外國人很難適應。所以當時外國人若要外出旅行的話，在多數情況下必須事先聯絡當地的傳教士，屆時就住在那些西方傳教士的家裡。

　　西元 1870 年，天津發生了一場震驚中外的教案：當地民眾為了反對法國天主教傳教士在外國勢力庇護下的傳教活動，奮起攻擊天主教會的機構和傳教使團駐地，結果造成了數十人被謀殺的慘劇。教案發生之後，法、英、美、俄、普、比、西等西方列強聯銜向清政府提出強烈抗議，並且將軍艦開到大沽口來進行示威。直隸總督曾國藩事後對教案的處理也引起了很大的爭議。清政府對外妥協，對內鎮壓，為了息事寧人，判處 16 人死刑、4 人緩刑、25 人流放，同時將天津知府張光藻、知

縣劉傑革職充軍，並派崇厚去法國謝罪，向各國賠款 50 餘萬兩白銀。

從那以後，為了避免再發生此類慘案，便形成了一個慣例，即外國人在中國旅行，必須有清軍兵勇隨行，以進行保護。一般程序是出發前要報備北京的總理衙門，由該衙門發給旅行者一張「護照」，說明該名外國人在中國旅行已經得到清政府的批准，各地方政府要為這名外國人的旅行提供便利和保護。外國旅行者每到一個地方，都得首先去拜訪地方官員，由後者派出一隊兵勇，以保證這位外國旅行者在該地的人身安全。

下面這張畫的名稱是「在清朝八旗兵保護下的外國人」。這說明此地很可能是在京師，或其他的大城市。而這些外國人多半是在前往政府衙門或王府的路上。

中國事件

在清朝八旗兵保護下的外國人

LES ÉVÉNEMENTS DE CHINE

Les étrangers sous la garde des régulièrs Chinois

ABONNEMENT

France, Algérie, Tunisie.. **2 fr.** • **3 fr.50**
Étranger (Union postale).. **2 fr.50 5 fr.**

SUPPLÉMENT ILLUSTRÉ DU DIMANCHE
ADMINISTRATION : rue Barbançon — CLERMONT-FERRAND

ANNONCES
POUR LA PUBLICITÉ, S'ADRESSER
à PARIS, 8, place de la Bourse
A L'AGENCE HAVAS

Imprimerie Mont-Louis. — Clermont-Ferrand

《多姆山導報》（週日插圖附加版）
LE MONITEUR DU PUY-DE-DOME
(SUPPLÉMENT ILLUSTRÉ DU DIMANCE)

1900 年 7 月 22 日　星期日
第 29 期　發行第 3 年

Nº 29,
Troisième Année, Dimanche 22 Juillet 1900

　　克林德，西元 1853 年出生於德國明斯特，早年接受軍事教育，西元 1881 年辭去軍職進入外交部門，並被派往中國。來華後曾任德國駐廣州和天津等地領事。西元 1899 年 4 月，升任德國駐華公使。1900 年 6 月 19 日，總理衙門照會各國公使「限二十四點鐘內各國一切人等均需離京」。當晚，各國公使聯名致函總理衙門，要求延緩離京日期，以保障各國人員安全，並要求次日上午 9 時前給出回覆。

　　6 月 20 日上午 8 時，各國未達成一致，克林德便獨自帶著翻譯科德斯 (Heinrich Cordes) 乘轎從東交民巷使館前往位於東單牌樓北大街東堂子胡同的總理衙門交涉。走到東單牌樓北大街西總布胡同西口時，被巡邏的神機營霆字隊槍八隊章京恩海打死，科德斯受傷。

　　克林德被殺事件發生後，德國皇帝威廉二世決意派遣 2 萬多人的對華遠征軍。不過這支部隊還未抵達中國，戰爭就已結束。

　　8 月，神機營章京恩海自首，後被德國判處死刑，於東單克林德身亡之地處斬。

1901 年，《辛丑條約》第一款就是：清廷派醇親王載灃赴德國就克林德公使被殺一事向德皇道歉，並在克林德被殺地點修建一座品級相當的石牌坊（賽金花建議）。

　　「克林德碑」牌坊橫跨在繁華的東單北大街上，於 1901 年 6 月 25 日動工，1903 年 1 月 8 日完工，碑文用拉丁語、德語、漢語三種文字，表達清帝對克林德被殺的惋惜。1918 年 11 月 13 日，民國政府將牌坊遷往中央公園（今中山公園），並將坊額改為「公理戰勝」。1953 年 10 月，改名為保衛和平坊。

北京使館區遇襲

ATTAQUE D'UNE LEGATION À PÈKIN

《小日報》（插圖附加版）
LE PETIT JOURNAL (SUPPLÉMENT ILLUSTRÉ)

1900 年 7 月 22 日　星期日

第 505 期

Nº 505,

DIMANCHE 22 JUILLET 1900

恩海被抓過程

　　德國駐華公使克林德被殺之後，八國聯軍最初怎麼也查不出凶手是誰。因為在案發現場只有兩個外國人，而克林德本人已被殺，陪同他前往總理衙門的德國公使館翻譯學生科德斯雖然僥倖活了下來，但也已身受重傷，且他逃命在先，克林德被殺在後，凶手是誰他也沒有看見。可是這個案件的調查後來卻因為一個偶然的發現而峰迴路轉，柳暗花明。

　　話說日軍在調查此案的過程中祕密僱用了一位北京當地的偵探，此人名叫得洛，是本旗營定宇第八隊書記。一天，當得洛經過日占區一家當鋪時，被映入眼簾的一縷耀眼的反光所吸引。進入當鋪之後，他看見牆上掛著一塊漂亮的西洋掛錶，便讓當鋪老闆取下來看。打開錶殼之後，他發現錶殼的裡面刻有一行西文，仔細一看，竟是克林德的名字。他按捺住心中的狂喜，裝作漫不經心地向老闆打聽，是誰想要變賣這塊懷錶。當鋪老闆也如實告訴他，想要當掉這塊懷錶的人是住在內城車店的滿人恩海。

　　得到這一確切的消息之後，得洛馬上將其報告給了日本人，後者祕密派出一支便衣隊前去實施抓捕。他們來到車店後，先派了幾名裝扮成漢人的便衣進入院子，大聲問道：「請問恩海在這裡住嗎？」這時院子裡有人回答：「我就是恩海，你們找我何事？」話音未落，在院外埋伏的日本便衣一擁而入，當場將他撲倒在地。

在其後的審訊過程中，恩海對槍殺克林德一事供認不諱，但他強調自己只是執行上司的命令而已，因為軍人以執行命令為天職。但是當日本人追問究竟是誰向他下了開槍命令時，他卻因此陷入了沉默。據說只是到了即將被砍頭之際，他才承認下令開槍的是慶親王奕劻。

　　克林德的屍體最終被運回德國下葬。恩海的人頭也同船運到了德國。

中國事件
德國公使克林德男爵被殺

LES ÉVÉNEMENTS DE CHINE

Assassinat du baron de Ketteler，ministre d'Allemagne

《小巴黎人報》（插圖文學附加版）
LE PETIT PARISIEN
(SUPPLÉMENT LITTÉRAIRE ILLUSTRÉ)

1900 年 7 月 22 日　星期日
第 598 期

Nº 598,
DIMANCHE 22 JUILLET 1900

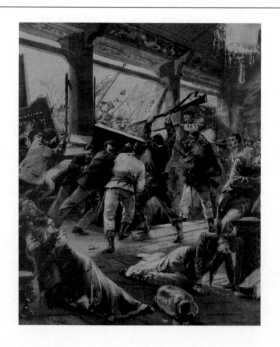

北京
被義和團所包圍的歐洲公使館

PÉKIN
Les légations Européennes assiégées par les rebelles Chinois

《小日報》（插圖附加版）
LE PETIT JOURNAL (SUPPLÉMENT ILLUSTRÉ)

1900 年 8 月 5 日　星期日

第 507 期

N.º 507,

DIMANCHE 5 AOÛT 1900

　　1900 年 7 月，八國聯軍開始侵略中國天津和北京，趁此時機，沙俄看到這是侵略中國東北的最好時機，於是出兵五路進犯東北三省。之後的多場戰役中，璦琿之戰是中國軍民打得最頑強，也最值得人們記住的戰鬥。

　　1900 年 7 月 15 日，俄軍企圖偷渡黑龍江，被璦琿守軍打回。接著俄軍接連製造了駭人聽聞的海蘭泡慘案和江東六十四屯慘案。隨後 8 月 4 日，俄軍出動萬餘人，從三個方面進攻璦琿城。城內守軍雖僅 3,000 餘人卻抱定了與璦琿城共存亡的決心，城破後仍堅持巷戰。除守將鳳翔帶領部分人員撤退到璦琿城西南的北二龍和額雨爾山口阻擊俄軍外，城內 1,500 餘名守軍全部戰死，無一投降。此戰俄軍死亡千餘人。

中國事件

清軍侵襲俄國邊境

LES ÉVÉNEMENTS DE CHINE

Envahissement de la Frontière Russe par les Chinois

《小日報》（插圖附加版）
LE PETIT JOURNAL (SUPPLÉMENT ILLUSTRÉ)

1900 年 8 月 5 日　星期日

第 507 期

N⁰507,

DIMANCHE 5 AOÛT 1900

　　奉天教堂慘案即「朱家河慘案」，是義和團運動中發生的最大的一場慘案。1900 年 7 月，在接連發生一系列屠殺教民案件後，景州周圍七、八個縣的教民便逃到朱家河教堂避難，一時間朱家河村湧入了三千多人。

　　7 月 17 日，英勇的兩千多團民和被騙來的兩千多清軍包圍了朱家河村。兩千多義和團和兩千多清軍士兵包圍了朱家河村。清軍是聽了景州城裡的蔡氏兄弟的說辭，兩位兄弟一個是舉人，一個是秀才。所以他們稱朱家河聚集了很多漢奸，騙來了過路的清軍將領陳澤霖。

　　一場毫無懸念的「戰鬥」於 7 月 20 日結束，一共 2,500 多人遇難，僅 500 人逃脫。

　　清軍將領陳澤霖發現殺死的大都是婦幼老弱，根本沒有什麼漢奸，連外國人也只有 2 個，異常氣憤，斷然拒絕了義和團請他協助攻打下一個教堂的要求。

中國事件

滿洲奉天教堂慘案

LES ÉVÉNEMENTS DE CHINE

Massacre dans l' église de Moukden en Mandhourie

《小巴黎人報》（插圖文學附加版）
LE PETIT PARISIEN
(SUPPLÉMENT LITTÉRAIRE ILLUSTRÉ)

1900 年 8 月 5 日　星期日
第 600 期

N.º 600,
DIMANCHE 5 AOÛT 1900

在滿洲
俄軍占領清軍的一個砲兵陣地

EN MANDCHOURIE

Capture d'une batterie Chinois par les Russes

《小巴黎人報》（插圖文學附加版）
LE PETIT PARISIEN
(SUPPLÉMENT LITTÉRAIRE ILLUSTRÉ)

1900 年 8 月 5 日　星期日
第 600 期

Nº 600,
DIMANCHE 5 AOÛT 1900

義和團在奉天屠殺中國基督徒

LES CHRÉSTIENS CHINOIS MASSACRÉS
A MOUKDEN PAR LES BOXEURS

《小巴黎人報》（插圖文學附加版）
LE PETIT PARISIEN
(SUPPLÉMENT LITTÉRAIRE ILLUSTRÉ)

1900 年 8 月 12 日　星期日
第 601 期

Nº601,
DIMANCHE 12 AOÛT 1900

告別波蒂埃海軍上將，法國在華海軍總司令

LES ADIEUX DE L'AMIRAL POTTIER, COMMANDANT EN
CHEF DES FORCES NAVALES EN CHINE

Un an : Paris, 8 fr.
Départements, 9 fr. Étranger, 11 fr.
Six mois : France, 5 fr. Étranger, 6 fr.

JOURNAL HUMORISTIQUE PARAISSANT LE SAMEDI

M. Félix JUVEN, Directeur. — Partie artistique : M. Arsène ALEXANDRE
La reproduction des dessins du RIRE est absolument interdite aux publications, françaises ou étrangères, sans autorisation

122, rue Réaumur, 12
PARIS
Les manuscrits et dessins non
insérés ne sont pas rendus.

《笑報》（每週六發行的幽默報刊）
LE RIRE (JOURNAL HUMORISTIQUE PARAISSANT LE SAMEDI)

1900 年 8 月 18 日

第 302 期　發行第 6 年

No 302,
6e année. 18 Août 1900

北直隸總督李鴻章

LI-HUNG-CHANG, VICE-ROI DU PETCHILI

《小巴黎人報》（插圖文學附加版）
LE PETIT PARISIEN
(SUPPLÉMENT LITTÉRAIRE ILLUSTRÉ)

1900 年 8 月 19 日　星期日
第 602 期

N⁰602,
DIMANCHE 19 AOÛT 1900

清末的徵兵制度

　　如前所述，清軍主要分為八旗兵和綠營兵。這兩類兵的組織形式不同，其徵兵方法自然也有所不同。

　　八旗的兵役制度從皇太極時代起就已形成一定的制度。滿洲和蒙古八旗都是每三丁抽一人當兵，漢軍八旗的徵召比例不太規則，整體而言要比滿蒙八旗人少得多。清兵剛入關時，由於旗人兵源供不應求，一般 15 － 60 歲之間的旗人壯丁，只要身高在 165 公分以上，都可能被徵召為兵。按常例，八旗每三年要對適齡壯丁進行詳細登記。這些登記在冊的壯丁，都有當兵的義務，而具體是否服役則看兵額的多少和戰爭的需求。

　　綠營兵最初出自招募，來源為本地人，後來由於綠營的兵源多來自綠營兵家子弟，因此也逐漸形成世兵制。凡父兄在營的綠營兵家子弟，可以挑補為「餘丁」，即守兵。按清制，騎兵選拔於步戰兵，步戰兵選拔於守兵，守兵選拔於餘丁。因此，本地人 16 歲即到了可以服役的年齡。兵丁年齡到了 50 歲以上，如不能承擔差役和參加訓練，就會被解退。如曾出征效力的，可以給予一定月糧。如係出征受傷患病致殘的，即使不

到 50 歲，也給予一定月糧。兵丁陣亡的，發給家屬撫卹費銀 50 － 70 兩；餘丁陣亡的，發給家屬銀 25 兩。陣亡者的子弟如條件合格，可替補為兵，若年齡太小，也可享受守兵的一半餉銀。

　　從下面這張圖來看，應該是在招募綠營兵。這些前來接受徵召的年輕人大都是本地的貧民或農民，他們幾乎都赤腳，連鞋都穿不起。當兵可以至少使他們解決吃飯和穿衣的問題。招募新兵的軍官身旁有兩名兵勇作為助手。其中一名正在數銅錢給一位剛報名加入的新兵。

中國事件
徵兵入伍

LES ÉVÉNEMENTS DE CHINE

L'Enrôlement voluntaires en Chine

《小日報》（插圖附加版）
LE PETIT JOURNAL (SUPPLÉMENT ILLUSTRÉ)

1900 年 8 月 26 日　星期日

第 510 期

N⁰ 510,

DIMANCHE 26 AOUT 1900

軍隊萬歲！！！

法國軍隊從馬賽啟程，趕赴中國

VIVE L' ARMÉE!!!

Départ des troupes de Marseille pour la Chine

《小巴黎人報》（插圖文學附加版）
LE PETIT PARISIEN
(SUPPLÉMENT LITTÉRAIRE ILLUSTRÉ)

1900 年 9 月 2 日　星期日
第 604 期

Nº604,
DIMANCHE 2 SEPTEMBRE 1900

八國聯軍向北京出發

MARCHE DES ALLIÉS SUR PÉKIN

《小巴黎人報》（插圖文學附加版）
LE PETIT PARISIEN
(SUPPLÉMENT LITTÉRAIRE ILLUSTRÉ)

1900 年 9 月 2 日　星期日
第 604 期

Nº 604,
DIMANCHE 2 SEPTEMBRE 1900

在大沽口
聯軍艦隊被冰雪封住

À TAKOU

Les navires des Alliés pris dans les glaces

《多姆山導報》（週日插圖附加版）
LE MONITEUR DU PUY-DE-DOME
(SUPPLÉMENT ILLUSTRÉ DU DIMANCE)

1900 年 9 月 9 日　星期日

第 36 期　發行第 3 年

N⁰ 36,

Troisième Année, Dimanche 9 Septembre 1900

英國公使館的受圍攻和被解救

1900 年，中國的命運處於一個重大危急關頭。西方列強在中國的勢力越來越強，中國民眾的反洋心理也如一座蓄勢待發的活火山，隨時有可能爆發。義和團運動就像燎原的野火，從山東逐漸蔓延到了天津和北京。

慈禧太后對義和團運動懷有一種矛盾的心理：一方面，她覺得民心可用，民心可恃，義和團運動可以幫助清廷來抵禦西方勢力；但另一方面，她又擔心義和團的狂熱行動會使局面失控，對清廷帶來禍害。以端郡王載漪和莊親王載勛為首的主戰派在這方面發揮了惡劣的影響。他們竭力煽動慈禧太后招安號稱具有神功、能刀槍不入的義和團，同時又偽造了西方所謂想要慈禧太后歸政，讓光緒皇帝重新掌權的照會，逼迫慈禧太后向西方列強宣戰。

6 月 19 日，清廷下達了對西方 11 國的宣戰書，以及勒令所有在京外國人在 24 小時之內離開北京的最後通牒。西方駐京各使團得知消息，如雷轟頂，連夜召開緊急會議，商討對策，但眾說紛紜，沒有形成任何共識，只是寫信請求暫緩離京赴津。第二天一早，德國公使克林德便帶著一名翻譯前往總理衙門，準備當面跟大臣們交涉此事，但在途中被巡邏

的清軍射殺。在京的數百名外國人聞訊之後大部分都躲入了面積較大、圍牆堅固、防禦能力較強的英國公使館。當天傍晚，在英國公使館對面的肅王府安置中國基督徒難民的英國浸禮會傳教士秀耀春（Francis Huberty James）在回到英國公使館的途中遭遇不測，他的首級被割下之後掛於某一個路口。

　　從那以後，英國公使館便被榮祿、董福祥手下的軍隊，以及義和團拳民等團團圍住。清軍和義和團幾乎每天都對英國公使館內發射炮彈和子彈，並且伺機發動了一次又一次的進攻，但是每次都遭遇到了頑強的抵抗，使得整個攻勢並未奏效。

　　與此同時，駐守在天津的外國軍隊也展開了兩輪解救行動。由英國海軍在華分艦隊司令西摩爾海軍上將率領的第一支救援隊在途中受到了重重阻擊，好不容易到達了北京附近的廊坊地區，又因為清軍扒掉了鐵軌，並使下了列車的救援隊陷入了重圍而不得已被迫返津。第二支救援隊兵力更加雄厚，共達兩萬人左右；並且為了避免重蹈覆轍，他們放棄了鐵路運輸，而採用步步為營的策略，冒著夏日的驕陽徒步向北京出發。一路上，八國聯軍的救援隊也經歷了大大小小的無數次戰鬥，光是因頂著驕陽，急行軍中暑而死的士兵就不在少數。

　　8 月 13 日，八國聯軍的隊伍在北京的東門外集結紮營，並且連夜開會，進行第二天的攻城部署。但是俄軍因攻城心切，並未嚴格按照會上所規定的部署。天還沒亮，俄軍就對北京內城東南角的東便門發起了猛攻。美軍在第二天早上發現在東便門以南的一段城牆破損得比較嚴重，於是他們便充分發揮了攀岩的技術，直接攀到了城牆的頂上。英軍直到中午才對廣渠門發起了攻擊，可是他們卻後來居上，最早到達英國公使館。他們先是用兩門野戰炮直接轟擊城門，然後派人攀上城樓，從裡面打開了城門。正當他們沿著街道向距離使館區最近的哈達門推進時，城

牆上出現了一名美軍的旗語兵，用訊號旗向英軍打出旗語：「從水門進來。」於是英國皇家工兵的史考特少校便帶頭進入了位於使館區的那個水門，印度士兵們蹚著齊腰的泥水緊隨其後。頗有進取心的工兵軍官索迪上尉赤腳爬上了城牆，解開了他九碼長的頭巾，把它當作一面旗幟，指引其他人從此處的水門進入內城。

在英國公使館內死守的西方人本來已經幾乎陷入了彈盡糧絕的境地。在遭受了幾乎兩個月的圍攻之後，在英國公使館避難的外國人已經遭受了重大傷亡，而且由於對面的肅王府已經被炮火轟炸成為了一片廢墟，原本在那裡避難的兩千多名中國基督徒也轉入了英國公使館。這就大大增加了館內本來就難以承受的壓力，別說儲備的糧食已經快要吃完，就連原本館內飼養的大量馬匹也都快被殺完了。就在這山窮水盡疑無路之際，突然柳暗花明又一村。所以當英國官兵突然現身時，在英國公使館內避難的西方人和中國基督徒們全都歡欣鼓舞，紛紛跟那些救兵們握手和擁抱。

攻克北京

聯軍的旗幟飄揚在紫禁城大門的上方

A PRIS DE PÉKIN

Les drapeux de puissances Alliées florrant sur la porte du Palais Impérial

《小日報》（插圖附加版）
LE PETIT JOURNAL (SUPPLÉMENT ILLUSTRÉ)

1900 年 9 月 9 日　星期日

第 512 期

N⁰512,
DIMANCHE 9 SEPTEMBRE 1900

中國事件

被解救的各國使團

LES ÉVÉNEMENTS DE CHINE

Les légations délivrées

《多姆山導報》（週日插圖附加版）
LE MONITEUR DU PUY-DE-DOME
(SUPPLÉMENT ILLUSTRÉ DU DIMANCE)

1900 年 9 月 16 日　星期日

第 37 期　發行第 3 年

№37,

Troisième Année, Dimanche 16 Septembre 1900

東交民巷

　　東交民巷西起天安門廣場東路，東至崇文門內大街，全長為 1,552 公尺；連同與之對稱的西交民巷，這個胡同共長約三公里，是北京城裡最長的一個胡同。這裡從元代起，便是賣糯米的一個市集，因而得名江米巷。

　　明代時，因修建棋盤界而把江米巷截斷為東江米巷和西江米巷。在東江米巷中設有禮部，以及鴻臚寺和會同館，後者專門接待來自安南、蒙古、朝鮮和緬甸等四個藩屬國的使節，所以又被稱作四夷館。

　　到了近代，這裡曾是著名的使館區，西元 1860 年第二次鴉片戰爭後，先後有英國、法國、美國、俄國、日本、德國、比利時等國在東交民巷設立使館，並將東交民巷更名為使館街。例如西元 1861 年 3 月，英國公使卜魯斯（Frederick Bruce）正式入住東江米巷的梁公府（係康熙皇帝第七子鐵帽子淳親王允祐的府邸）；法國公使布爾布隆（Alphonse de Bourboulon）正式入住純公府（係努爾哈赤之孫安郡王岳樂的府邸）；美國公使蒲安臣（Anson Burlingame）進駐美國公民衛三畏（Samuel Wells Williams）博士位於東江米巷的私宅；而俄國公使巴留捷克（Lev Fedorovich Balluseck）則入住了清初在這裡修建的東正教教堂俄羅斯館。

　　1949 年以後東交民巷仍被作為使館區，直到 1959 年所有的使館都遷往朝陽門外三里屯一帶的館區。然而東交民巷道路兩旁的西洋建築迄今仍在向過往的行人訴說著往昔的歷史。

聯軍進入北京之後的東交民巷

LA RUE DES LÉGATIONS,
À PÉKIN, APRES L'ENTREE DES TROUPES ALLIÉES

《小日報》（插圖附加版）
LE PETIT JOURNAL (SUPPLÉMENT ILLUSTRÉ)

1900 年 10 月 7 日　星期日

第 516 期

N⁰ 516,

DIMANCHE 7 OCTOBRE 1900

在上海

華倫將軍檢閱法國軍隊

À SHANGHAÏ

Le Général Voyron passant en revue le detachment français

《小巴黎人報》（插圖附加版）
LE PETIT PARISIEN (SUPPLÉMENT ILLUSTRÉ)

1900 年 10 月 7 日　星期日
第 609 期

Nº609,
DIMANCHE 7 OCTOBRE 1900

八國聯軍在北京舉行首腦聯席會議

　　八國聯軍攻占北京之後，便在北京舉行了聯軍首腦會議，對於各國軍隊在北京的占領區進行了劃分，並且商議了如何進一步討伐義和團在各地殘部的問題。在此圖中的八國聯軍將領們分別是：查飛將軍（General Adna Chaffee，美國）、福里將軍（General H. N. Frey，法國）、薩姆布奇將軍（General Sambuchi，奧匈帝國）、裴德曼海軍大校（F. Bendemann，德國）、蓋斯利將軍（General Alfred Gaselee，英國），以及李尼維去將軍（General H. Lineivitch，俄國）。八國聯軍的總司令瓦德西元帥（Alfred von Waldersee，德國）是遲至 1900 年 10 月 17 日才抵達北京的，所以他並沒有出席這次八國聯軍首腦會議。

在北京
聯軍首腦會議

À PÉKIN

Un conseil des chefs Alliés

111

《小日報》（插圖附加版）
LE PETIT JOURNAL (SUPPLÉMENT ILLUSTRÉ)

1900 年 10 月 14 日　星期日

第 517 期

Nº517,

DIMANCHE 14 OCTOBRE 1900

　　8 月 15 日清晨 6 點，慈禧攜光緒等人西逃，全國陷入無主狀態。地方勢力代表李鴻章、張之洞、劉坤一等人積極聯絡東南各省督撫，與外國駐上海領事訂立《東南互保章程》九條。規定上海租界由各國共同「保護」，長江及蘇杭內地治安秩序由各省督撫負責，形成了所謂的「東南聯保」。各地督撫都聯絡不到中央，誤以為慈禧、光緒已死，於是決定共同推舉李鴻章出任中國「總統」以主持大局。外有列強支持，內有封疆大吏擁護，李鴻章當時也覺得可行。唐德剛《袁氏當國》有記載：「八國聯軍時帝后兩宮西狩，音信杳然，東南無主之時，當地督撫便曾有意自組美國式的共和政府，選李鴻章為總統，李亦有意擔任，後因兩宮又在西安出現乃作罷。」

中國事件

李鴻章在俄國和日本軍隊的護送下外出

LES ÉVÉNEMENTS DE CHINE

Li-Hung-Chang escorté par les troupes Russes et Japonaises

《多姆山導報》（週日插圖附加版）
LE MONITEUR DU PUY-DE-DOME
(SUPPLÉMENT ILLUSTRÉ DU DIMANCE)

1900 年 10 月 14 日　星期日

第 41 期　發行第 3 年

Nº41,

Troisième Année, Dimanche 14 Octobre 1900

1 月 24 日，慈禧立端王載漪的兒子溥儁為大阿哥，作為光緒的接班人選。可以說這完全是因為孩子的母親——端王的福晉。她是西太后親弟弟桂祥的女兒，西太后的內姪女。端王跟眾多紈褲子弟一樣，喜愛廣泛，譚鑫培和孫菊仙便是家中常客，泥人張也被請到府上教他捏泥人。端王還喜歡國術，家裡養了很多武林高手教自己國術。

就是這樣一個藝術坯子，父以子貴，在庚子年做出一件件影響歷史的大事。利用義和團滅洋，是他力主的。進攻使館，也是他的主意，而且由他親自主持。就是在八國聯軍快要攻進北京的時候，端王爺竟然矯詔調來新建陸軍的重炮，想要轟平使館。

自然八國聯軍的處罰名單上少不了這爺倆，1902 年父子兩人被流放新疆。1917 年，藉張勳復辟之機，載漪重獲自由，直至 1922 年去世。

端親王的肖像畫

PORTRAIT DU PRINCE TUAN

《小巴黎人報》（插圖文學附加版）
LE PETIT PARISIEN
(SUPPLÉMENT LITTÉRAIRE ILLUSTRÉ)

1900 年 10 月 28 日　星期日

第 612 期

N⁰612,

DIMANCHE 28 OCTOBRE 1900

　　廷雍，正紅旗人，官至直隸總督，以支持義和團嫌疑被八國聯軍殺於保定，是八國聯軍所殺級別最高的中國官員。6 月在清廷明確表示支持義和團後，對義和團持扶持態度的廷雍調任直隸布政使。一時間直隸省的很多教堂被毀，傳教士被殺，保定尤為嚴重。包括北關教堂的美北長老會傳教士，南關教堂的畢得經（Horace Tracy Pitkin）牧師等美國公理會傳教士，以及在保定的英國內地會傳教士及其子女被殺共 23 人，同時中國教徒也有一百多人被害。屠殺在 6 月 30 日和 7 月 1 日（農曆六月四日、五日）兩天進行，地點在保定南城外鳳凰臺。為了不使基督徒和傳教士逃脫，廷雍下令緊閉城門，並派兵把守。

　　因此，八國聯軍攻進保定後，第一件事就是立即把沈家本（保定知府）、廷雍（直隸布政使，護理總督）、奎恆（城守尉）、王占魁（統帶營官）拘留。很快又將廷雍三人處決。沈家本則被一直軟禁長達四個月，《和議大綱》告成才被釋放。

進軍保定府

EN ROUTE VERS PAO-TING-FOU

《小日報》（插圖附加版）
LE PETIT JOURNAL (SUPPLÉMENT ILLUSTRÉ)

1900 年 11 月 4 日　星期日

第 520 期

N⁰ 520,

DIMANCHE 4 NOVEMBRE 1900

中國事件

掛在舊州城牆上的十四顆拳民頭顱

LES ÉVÉNEMENTS DE CHINE

Quatorze tetes de boxers aux murs de Tchio-Tchao

《小日報》（插圖附加版）

LE PETIT JOURNAL (SUPPLÉMENT ILLUSTRÉ)

1900 年 11 月 11 日　星期日

第 521 期

N.º 521,

DIMANCHE 11 NOVEMBRE 1900

八國聯軍遠征保定府

直隸省是義和團運動全面爆發之地，而在直隸省境內，除了天津之外，保定府就是義和團運動鬧得最厲害的地方。前面已經提到，在保定府共有 23 名西方傳教士及其子女被殺，以及一百多名中國基督徒被害。除此之外，還有不少外國人和中國基督徒受到關押。所以，當八國聯軍攻克北京和剿滅北京周邊地區的義和團和清軍殘部以後，馬上就把遠征保定府一事擺上了議事日程。

八國聯軍的保定府遠征軍由德國、法國、英國和義大利這四個國家的軍隊組成，其總指揮是英軍司令蓋斯利（Alfred Gaselee）將軍。從 1900年 10 月 12 日，遠征軍的先頭部隊從北京出發，到 11 月上旬，遠征軍陸續返回北京城，這場戰役共持續了一個月左右的時間。

由於這支遠征軍聲勢浩大，裝備精良，而且因為八國聯軍剛攻克北京不久，士氣也非常高昂；而相比之下，保定府的地方官員和守軍則完全喪失了鬥志，放棄了任何抵抗的準備。從老照片中我們可以看到，就在 10 月 16 日那一天，剛剛升任護理直隸總督的廷雍或保定知府沈家本，率領文武官員和鄉紳代表專程到保定北關馮莊的千佛庵去迎候八國聯軍遠征軍的到來。

遠征軍進入保定府之後，首先解救了作為人質被關押的外國人和中

國基督徒，並對參與了迫害外國傳教士和中國基督徒的義和團成員進行殘酷的報復和鎮壓。一時間屍橫遍野，一串串的頭顱被掛在了城牆之上。對那些曾經迎接他們到來的官員，他們也沒有放過。當地官銜最高的四位官員遭到逮捕，其中護理直隸總督廷雍、城守尉奎恆和統帶營官王占魁在經過審訊之後被斬首，保定知府沈家本則在關押了四個多月之後才被釋放。

　　遠征軍占領保定府期間，將該城劃分成法國控制區、德國控制區、義大利控制區和英國控制區這四個部分。總指揮蓋斯利將軍將其司令部放在了直隸總督府裡，法國將軍作為次一級軍官在知府衙門裡紮了營，義大利和德國指揮官們也分別在其他重要建築物裡安營紮寨，澳洲軍隊是屬於英國殖民地軍隊的一部分，他們駐紮在保定府的北門外，距離英軍司令部不遠。

中國事件

被法軍從保定府解救出來的歐洲人

LES ÉVÉNEMENTS DE CHINE

Européens délivrés par le detachment francais à Pao-Ting-Fou

LE PETIT PROVENÇAL

ABONNEMENTS — SIX MOIS UN AN — Supplément illustré paraissant le Samedi — ANNONCES

France, Algérie, Tunisie 2 f. » 3 f.50
Étranger (Union postale) 2 f.50 5 f.

HUIT Pages : CINQ centimes

Pour la publicité s'adresser
A Marseille, 75, Rue de la Darse
A Paris, 8, place de la Bourse,
à l'Agence Havas

《小普羅旺斯人》（週六發行插圖附加版）

LE PETIT PROVENÇAL (SUPPLÉMENT ILLUSTRÉPARAISSANT LE SAMEDI)

1900 年 11 月 18 日　星期日

第 46 期

N⁰ 46,

DIMANCHE 18 NOVEMBRE 1900

遠征保定府

法軍先遣隊在一個村莊裡升起旗幟

L'EXPÉDITION DE PAO-TING-FOU

La colonne française d'avant guarde hissant drapeau dans un village chinois

《小日報》(插圖附加版)
LE PETIT JOURNAL (SUPPLÉMENT ILLUSTRÉ)

1900 年 11 月 25 日　星期日

第 523 期

N⁰ 523,
DIMANCHE 25 NOVEMBRE 1900

　　1900 年 4 月 14 日至 11 月 12 日，第 11 屆世界博覽會在巴黎舉辦。共有 58 個國家參展這個主題為「新世紀發展」的世博會。會議重點展示了西方社會 19 世紀的技術成就，還有移動人行道和地道，但來自英法殖民地的帶有異域風情的小玩意顯然更受歡迎。以往歷屆博覽會均有中國館展示，但是中國人第一次自己派人員參加的世界博覽會為西元 1876 年費城世博會。而駐英國公使郭嵩燾由於率員參加了西元 1878 年巴黎世博會開幕式，成為清代中國參加世博會的第一位高官。

1900 年世博會

中國樓閣

EXPOSITION 1900

Pavillon de la Chine

《小巴黎人報》（插圖文學附加版）
LE PETIT PARISIEN
(SUPPLÉMENT LITTÉRAIRE ILLUSTRÉ)

1900 年 12 月 23 日　星期日
第 620 期

Nº620,
DIMANCHE 23 DÉCEMBRE 1900

在中國
一個駐紮在皇陵附近的法軍營地

EN CHINE
Un campement français près de Tombeaux des Empereurs

法國教科書等反映庚子之戰

中國的戰爭

1900 年 7 月 14 日中國天津城陷落

LA GUERRE DE CHINE

Prise de la ville chinoise de tien-tsin, 14 julliet 1900

中國的戰爭

俄軍士兵在天津火車站所表現的勇氣

LA GUERRE DE CHINE

Vaillance des soldats russes à la Gare de tien-tsin

中國的戰爭

天津被解救和軍火庫被攻占

LA GUERRE DE CHINE

délivrance de tien-tsin et prise de l'arsenal

中國的戰爭

俄軍在海青的勝利，1900 年 8 月 12 日

LA GUERRE DE CHINE

Victoire des Russes a Haï-Tching, 12 août 1900

中國的戰爭

清軍前去占領北京城前的陣地

LA GUERRE DE CHINE

Troupes chinoises allant prendre position devant Pékin

中國的戰爭

清軍侵犯俄國領土

LA GUERRE DE CHINE

Invasion du territoire russe par les Chinois

北直隸的殉道者

1900 年 8 月 13 日

Les Martyrs de Ouai（Petchili）

11 Août 1900

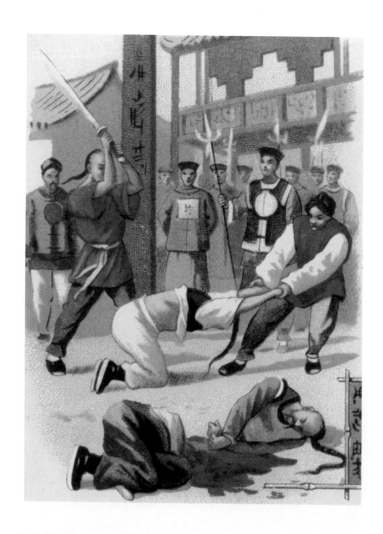

處決總理衙門的成員

1900 年 8 月 13 日

Exécution de membres du Tsong-Li-Yamen

13 Août 1900

張家灣戰役

1900 年 8 月 12 日

Combat de Chang-Kia-Wan

12 Août 1900

達奇瑞戰役

1900 年 8 月 9 日

Combat de Dachirai

9 Août 1900

一個名為義和團的反洋祕密社團已在中國形成。

1900 年 6 月初，義和團在清政府的祕密支持和鼓勵下，對北京－保定府鐵路沿線由歐洲人管理的火車站發起了攻擊。雖然西方列強的代表和前來增援的聯軍對據守白河河口的大沽口炮臺發動了炮擊和攻擊（6 月 17 日），但義和團的反洋攻擊仍然在繼續。

6 月 9 日，由不同軍艦上水兵們所組成，並由英國海軍上將西摩爾指揮的一支 2,000 人縱隊從位於白河邊大城市天津出發，前往北京去支援受到威脅的外國公使館。然而當西摩爾指揮的這支軍隊剛剛離開天津之後，這座城市很快就被義和團和清軍所占領。

6 月 17 日，一支國際聯軍離開了大沽口炮臺，以便重新奪回天津。面對在數量上十倍於他們的敵人，聯軍最初遇到了不少挫折，但是經過了一段時間的浴血戰鬥，他們越戰越勇，終於奪回了天津城（6 月 24 日）。與此同時，北京的歐洲駐華公使館全都遭到了義和團和清軍的攻擊。儘管被圍困在公使館內的人們拚命抵抗，但仍擺脫不了被全殲的威脅。於是已經重新奪回天津的國際聯軍在與西摩爾縱隊會合之後，再次向北京出發。

然而當這支國際聯軍離開天津之後不久，他們便被數量龐大的義和團拳民所包圍。經過了為期 15 天的生死搏鬥，在此過程中由「馬洛爾號」軍艦艦長指揮的一支法軍表現得特別英勇，國際聯軍終於殺開了一條血路，此後他們帶著 210 名傷員，重新回到了天津。

前往北京的行軍要在泛濫的河流和被雨水浸泡的泥濘中穿行，一路上都有成群結隊的中國人對聯軍的隊伍發起攻擊，這些對於這支人數不多的國際聯軍來說都顯得十分艱苦。憑藉全軍官兵所爆發出來的驚人勇氣，國際聯軍在 8 月 14 和 15 日的晚上強行攻進了中國的京師。8 月 16 日，法軍、俄軍、英軍、日軍在法國將軍的指揮下，攻入了紫禁城。此時光緒皇帝和慈禧太后已經逃出了皇宮，外國公使館也都隨之得以解救。

八國聯軍攻克北京

1900 年 8 月 15 日

PRISE DE PÉKIN PAR LES ALLIÉS

15 Août 1900

在中國

俄軍與英軍發生衝突

EN CHINE

L'incident russo-anglais

中國的慈禧太后

史蒂芬・里德根據一張中國畫創作

THE DOWAGER EMPRESS OF CHINA

Painted by Stephen Reid after a Chinese drawing

1901

Le Petit Journal
CHAQUE JOUR 5 CENTIMES
Le Supplément illustré
CHAQUE SEMAINE 5 CENTIMES

Douzième année

SUPPLÉMENT ILLUSTRÉ
Huit pages : CINQ centimes

DIMANCHE 6 JANVIER 1901

ABONNEMENTS

SEINE ET SEINE-ET-OISE 2 fr. 3 fr. 50
DEPARTEMENTS 2 fr. 4 fr.
ÉTRANGER 2 50 5 fr.

Numéro 529

《小日報》（插圖附加版）

LE PETIT JOURNAL (SUPPLÉMENT ILLUSTRÉ)

1901 年 1 月 6 日　星期日

第 529 期

N⁰ 529,

DIMANCHE 6 JANVIER 1901

年度事件

8 月 29 日，清政府下令廢除武科科舉考試

9 月 7 日，《辛丑條約》簽訂

9 月 24 日，清政府與日本簽訂《重慶日本租借協定書》

11 月 7 日，李鴻章逝世

樊國梁（Alphonse Favier），庚子拳亂時期北京西什庫教堂（北堂）主教，率領教徒多次擊退義和團對西什庫教堂的進攻，並向聯軍提供一批教士和教徒充當翻譯。戰後列出教會受損清單迫使清政府增加賠款白銀一百五十萬兩。著有《燕京開教略》等書。

中國事件

北京教區主教樊國梁閣下

LES ÉVÉNEMENTS DE CHINE

Mgr. Favier, évêque de Pékin

《小日報》（插圖附加版）
LE PETIT JOURNAL (SUPPLÉMENT ILLUSTRÉ)

1901 年 1 月 13 日　星期日
第 530 期

N.º 530,
DIMANCHE 13 JANVIER 1901

中國事件
法國人的一次勝利

LES ÉVÉNEMENTS DE CHINE
Une victoire Française

《小巴黎人報》（插圖文學附加版）

LE PETIT PARISIEN
(SUPPLÉMENT LITTÉRAIRE ILLUSTRÉ)

1901 年 1 月 13 日　星期日
第 623 期

Nº 623,
DIMANCHE 13 JANVIER 1901

在中國

孔塔爾中尉陣亡

EN CHINE

Mort du lieutenant Contal

《小日報》（插圖附加版）
LE PETIT JOURNAL (SUPPLÉMENT ILLUSTRÉ)

1901 年 1 月 20 日　星期日
第 531 期

Nº 531,
DIMANCHE 20 JANVIER 1901

中國事件
在保定府的處決

LES ÉVÉNEMENTS DE CHINE
Exécution à Pao-Ting-Fou

《小巴黎人報》（插圖文學附加版）
LE PETIT PARISIEN
(SUPPLÉMENT LITTÉRAIRE ILLUSTRÉ)

1901 年 1 月 20 日　星期日

第 624 期

N⁰624,

DIMANCHE 20 JANVIER 1901

作為《辛丑條約》附加條件之一的處決「拳禍」禍首

八國聯軍攻占北京之後，慈禧太后帶著光緒皇帝和隆裕皇后匆匆逃離了京師，中國面臨滅亡的威脅，其命運岌岌可危。為了挽救清朝滅亡的命運，慈禧太后特地派遣慶親王奕劻和兩廣總督李鴻章作為欽差大臣，與八國聯軍展開和平條約的談判。以瓦德西元帥為首的八國聯軍首腦們不僅提出了高得離譜的 4.5 億兩白銀的戰爭賠款，而且附加了一大堆苛刻的附加條件，其中之一就是要懲辦和處決造成「拳禍」的禍首。

為此，八國聯軍提出了一個多達 174 名大臣的禍首名單：位列這個名單之首的是端郡王載漪，射殺德國公使克林德的恩海就是來自他所統領的虎神營。他還是大阿哥溥儁的父親，載漪最大的罪行就是夥同莊親王載勛，吹噓義和團刀槍不入的神功，並使慈禧太后相信依靠義和團就能夠把洋人趕出中國。他還唯恐天下不亂，偽造外國照會，促使慈禧太后被逼向西方各國宣戰。他試圖透過這麼做來廢黜光緒皇帝，以此助自己的兒子上位。除了上面這兩位皇親國戚之外，名單上還有大學士徐桐和兵部尚書剛毅等清廷重臣，以及殺了大量西方傳教士的陝西巡撫毓賢和率領甘軍攻打北京使館區的原甘肅提督和現武衛後軍首領董福祥等

等。為了保住這些皇親國戚和高官重臣的性命，清廷可謂是絞盡腦汁，費盡口舌。起初，慈禧太后想用將他們革職查辦的方法來矇混過關，但八國聯軍方面根本不信這一套。後來，張之洞、李鴻章和袁世凱等人竭力使西方人相信中國有根深蒂固的傳統觀念，不能對皇親國戚懲戒過重，最後終於跟聯軍方面達成了妥協。莊親王載勛、都察院左都御史英年、刑部尚書趙舒翹，均定為賜令自盡；山西巡撫毓賢、禮部尚書啟秀、刑部左侍郎徐承煜，均定為即行正法；端郡王載漪改判全家流放新疆；董福祥被判解甲歸田，軟禁於家中，直至病死。一大幫較為下層的官員則在北京燈市口等鬧市被砍掉了腦袋。

　　除此之外，八國聯軍還開出了一個有 142 人的地方官員名單。所以還有很多人在京師之外的各個城市被劊子手砍頭示眾。

在中國的最新一輪處決

LES DERNIÉRES EXECUTIONS EN CHINE

《小日報》（插圖附加版）
LE PETIT JOURNAL (SUPPLÉMENT ILLUSTRÉ)

1901 年 5 月 5 日　星期日

第 546 期

N.º 546,

DIMANCHE 5 MAI 1901

　　西苑（今中南海）儀鑾殿，於光緒十四年（西元 1888 年）竣工，慈禧常居住於此。1900 年，八國聯軍入侵，儀鑾殿成了聯軍司令瓦德西的住所。1901 年儀鑾殿起大火，成為一片廢墟。慈禧從西安回京後，在儀鑾殿舊址建成一座洋樓，名叫海晏堂，同時又在海晏堂的西北方修建一座新的儀鑾殿，即後來的懷仁堂。民國後中南海成為總統府，海晏堂改名為居仁堂，成為袁世凱的辦公場所。

中國事件

儀鸞殿失火，馬爾尚上校指揮救援

LES ÉVÉNEMENTS DE CHINE

Incendie du palais de l' Impératrice

—— Le Colonel Marchand dirigeant les secours

《小巴黎人報》（插圖文學附加版）
LE PETIT PARISIEN
(SUPPLÉMENT LITTÉRAIRE ILLUSTRÉ)

1901 年 5 月 5 日　星期日
第 639 期

N̲°̲639,
DIMANCHE 5 MAI 1901

冬宮儀鸞殿失火事件

　　眾所周知，如今的故宮就是清朝的皇宮，即皇帝的居所和清廷的所在，俗稱紫禁城。然而，這些金碧輝煌，雕梁畫棟的宮殿並不適合於日常的生活起居。所以皇帝們從春季後期到秋季的一年大部分時間內實際上都是住在西北郊的圓明園，而慈禧太后則主要是住在頤和園。但是到了冬天，他們還是會回到城裡的皇宮。但即使如此，他們也會盡可能地避開那些高大陰冷的宮殿大堂，而選擇住在作為皇家園林的西苑，即北海、中海和南海這所謂的三海宮殿。因此西方人通常把圓明園和頤和園稱作夏宮，而將紫禁城和三海宮殿稱作冬宮。

　　慈禧太后在冬宮的居所是在中南海的儀鸞殿。1900 年 8 月 14 日，八國聯軍攻入北京城，慈禧太后如坐針氈，倉促決定要出京逃難。第二天凌晨便帶著光緒皇帝、隆裕皇后等人，出神武門，直奔西山居庸關，開始了所謂的「西巡狩獵」。而八國聯軍進入北京之後，便各顯神通，各自尋找合適的地方作為自己的司令部。例如俄軍立即占領了位於景山東面的京師大學堂校園，在那裡設立了自己的司令部。法軍占據了景山的壽皇殿，把北京城中軸線上第二大的殿堂作為自己的司令部。而中南海的儀鸞殿則不幸淪為了德軍的司令部和八國聯軍統帥瓦德西元帥的住所。

1901 年 4 月 17 日晚上，德軍因在儀鸞殿內生火做飯，不慎失火。一時間中南海的庭院內火苗亂竄，不一會，便將儀鸞殿這個慈禧太后的寢宮付之一炬，燒了個精光。瓦德西元帥僥倖跳窗逃出，保住了性命；然而德軍的參謀長施瓦茲霍夫將軍卻沒有那麼幸運，在這場火災中喪失了性命。4 月 20 日，在中南海內為施瓦茲霍夫將軍舉行了隆重的葬禮，在京的全體外交使團、八國聯軍中的全體將軍和衛戍部隊指揮官都參加了這個弔唁儀式，並且跟隨下葬隊伍一直將施瓦茲霍夫將軍的遺體送到了作為他臨時下葬地的福廟。

在中國
冬宮儀鸞殿失火

EN CHINE

Incendie du Palais d' Hiver

《小日報》（插圖附加版）
LE PETIT JOURNAL (SUPPLÉMENT ILLUSTRÉ)

1901 年 7 月 14 日　　星期日

第 556 期

Nº556,

DIMANCHE 14 JUILLET 1901

　　朱阿夫團，也叫祖阿夫團，即法國占領阿爾及利亞後，為了對付阿爾及利亞的游擊隊而專門招募的當地阿拉伯人，不過由於祖阿夫兵叛逃和加入叛軍的人越來越多，法國只好招募法國人補充軍隊。

中國事件

離開天津回國的法軍朱阿夫團

LES ÉVÉNEMENTS DE CHINE

Les zouaves rapatriés quittant Tien-Tsin

《小日報》（插圖附加版）
LE PETIT JOURNAL (SUPPLÉMENT ILLUSTRÉ)

1901 年 11 月 17 日　星期日

第 574 期

Nº574,

DIMANCHE 17 NOVEMBRE 1901

巴黎榮軍院又名「巴黎殘老軍人院」。西元 1670 年 2 月 24 日路易十四（Louis XIV）下令興建一座用來安置傷殘軍人的建築，從此榮軍院「應旨而生」。至今，這座榮軍院依舊行使著安置傷殘軍人的功能。不過同時它也是多個博物館的所在地。法蘭西帝國始皇帝拿破崙一世（Napoleon Bonaparte）的墓就在這裡。

榮軍院的馬達加斯加國旗和中國國旗

LES DRAPEAUX DE MADAGASCAR
ET DE CHINE AUX INVALIDES

《小日報》（插圖附加版）
LE PETIT JOURNAL (SUPPLÉMENT ILLUSTRÉ)

1901 年 12 月 29 日　星期日
第 580 期

N⁰ 580,
DIMANCHE 29 DÉCEMBRE 1901

在天津
德軍與英軍錫克族士兵之間的衝突

À TIEN-TSIN

Rixe entre Allemands et auxilliaries Anglais

攻占北京

法國人在中國，八里橋之戰

PRISE DE PÉKIN

Les Français en Chine. Bataille de Palikao

159

1901 年法國教科書中的清軍軍官

Officier Qing dans le manuel de la France en 1901

1901 年法國教科書中的義和團士兵

Soldat boxeur dans le manuel de la France en 1901

1901

1902

Le Petit Journal
CHAQUE JOUR 5 CENTIMES
Le Supplément illustré
CHAQUE SEMAINE 5 CENTIMES

SUPPLÉMENT ILLUSTRÉ
Huit pages : CINQ centimes

ABONNEMENTS
SIX MOIS   UN AN
SEINE ET SEINE-ET-OISE   2 fr.   3 fr. 50
DÉPARTEMENTS   2 fr.   4 fr.
ÉTRANGER   2.50   5 fr.

Treizième année

DIMANCHE 9 MARS 1902

Numéro 590

《小日報》
LE PETIT JOURNAL

1902 年 3 月 9 日　星期日

第 590 期

Nº 590,
DIMANCHE 9 MARS 1902

年度事件

京師大學堂師範館成立

1 月 8 日，慈禧太后和光緒帝回到北京

1 月 18 日，慈禧太后第一次公開露面，召見各國駐華使節

2 月 1 日，清廷准許漢滿通婚

4 月 8 日，中俄簽署《交收東三省條約》

5 月 8 日，英國人李提摩太（Timothy Richard）和山西巡撫岑春煊共同創辦山西大學堂（今山西大學的前身）

11 月 24 日，袁世凱創立北洋軍醫學堂

馬爾尚上校踏上回國旅程

RETOUR DU COLONEL MARCHAND

《小日報》（插圖附加版）
LE PETIT JOURNAL (SUPPLÉMENT ILLUSTRÉ)

1902 年 4 月 6 日　星期日

第 594 期

N.º594,

DIMANCHE 6 AVRIL 1902

在中國

法蘭西與俄羅斯 ── 別太心急！我們還在這裡呢。

EN CHINE

La France et La Russie ── Pas si vite! Nous somme là.

1903

Le Petit Journal
CHAQUE JOUR — SIX PAGES — **5** CENTIMES
Le Supplément illustré
CHAQUE SEMAINE **5** CENTIMES
Quatorzième année

5 Centimes   SUPPLÉMENT ILLUSTRÉ   **5** Centimes
Huit pages
L'AGRICULTURE MODERNE, **5** cent. — x — **La Mode** du Petit Journal, **10** cent.

ABONNEMENTS
SIX MOIS UN AN
SEINE ET SEINE-ET-OISE **2** fr. **3** fr. **50**
DÉPARTEMENTS.......... **2** fr. **4** fr.
ÉTRANGER.............. **2** **50** **5** fr.

DIMANCHE 5 JUILLET 1903   Numéro 659

《小日報》（插圖附加版）
LE PETIT JOURNAL (SUPPLÉMENT ILLUSTRÉ)

1903 年 7 月 5 日　星期日
第 659 期

N⁰659,
DIMANCHE 5 JUILLET 1903

年度事件

清政府公布《獎勵公司章程》20 條，鼓勵經營工商業

4 月 8 日，中俄《東三省交收條約》到期，俄不但不退，反增兵 800 多人重新占領營口

4 月 29 日，留日學生組成拒俄義勇隊

6 月 12 日，梁啟超在華盛頓會晤美國總統羅斯福（Roosevelt）

6 月 29 日，清政府逮捕章炳麟，查封《蘇報》，史稱「蘇報案」

12 月 13 日，英軍大舉入侵西藏

又一種惡習

法國的鴉片煙館

UN VICE NOUVEAU

Les fumeries d'opium en France

1903

1904

《小日報》（插圖附加版）
LE PETIT JOURNAL (SUPPLÉMENT ILLUSTRÉ)

1904 年 1 月 31 日　星期日

第 689 期

N.º 689,
DIMANCHE 31 JANVIER 1904

遠東事件

俄國騎兵前往滿洲

LES ÉVÉNEMENTS D'EXTRÊME-ORIENT

Cavalerie russe se rendant en Mandchourie

《小日報》（插圖附加版）
LE PETIT JOURNAL (SUPPLÉMENT ILLUSTRÉ)

1904 年 2 月 21 日　星期日

第 692 期

Nº 692,

DIMANCHE 21 FÉVRIER 1904

年度事件

1 月 13 日，日本向俄羅斯發出最後通牒

2 月 6 日，日俄戰爭在中國東北地區爆發

5 月 21 日，《蘇報》案結案

9 月 7 日，英國迫使清朝簽署《拉薩條約》

10 月 17 日，張伯苓創辦天津南開中學

俄國與日本旅順口之戰，1904 年 2 月 8 日

日本的魚雷快艇襲擊了旅順口的俄國海軍艦隊

8 FÉVRIER 1904

── OUVERTURE DES HOSTILITÉS ENTRE

LA RUSSIE ET LE JAPON

Un coup force des torpilleurs Japonais contre l′escadre à russe Port-Arthur

《小日報》（插圖附加版）
LE PETIT JOURNAL (SUPPLÉMENT ILLUSTRÉ)

1904 年 2 月 14 日　星期日
第 691 期

N.º 691,
DIMANCHE 14 FÉVRIER 1904

攻占西藏
英國軍官與西藏人的會晤

LA CONQUÊTE DU THIBET
Entrevue d'officiers anglais avec les Thibétains

《小日報》（插圖附加版）
LE PETIT JOURNAL (SUPPLÉMENT ILLUSTRÉ)

1904 年 3 月 6 日　星期日

第 694 期

N⁰694,

DIMANCHE 6 MARS 1904

中國的新一輪屠殺

慈禧太后向皇帝展示親俄罪臣們被砍下的頭顱

NOUVEAU MASSACRE EN CHINE

L' Impératrice douairière présente à l' Emepreur les têtes
des manarins accusés d' avoir favorisé les intérêsts russes

Le Petit Journal

CHAQUE JOUR — SIX PAGES — 5 CENTIMES

Le Supplément illustré

CHAQUE SEMAINE 5 CENTIMES

5 Centimes SUPPLÉMENT ILLUSTRÉ 5 Centimes

Le Petit Journal QUOTIDIEN, 5 cent. | Le Petit Journal militaire, maritime, colonial, 10 c.

L'AGRICULTURE MODERNE, 5 cent. | LA MODE du Petit Journal, 10 cent.

On s'abonne sans frais dans tous les bureaux de poste

ABONNEMENTS

SIX MOIS UN AN

SEINE ET SEINE-ET-OISE 2 fr. 3 fr. 50

DÉPARTEMENTS......... 2 fr. 4 fr.

ÉTRANGER............. 2 50 5 fr.

Quinzième année   DIMANCHE 27 MARS 1904   Numéro 697

《小日報》（插圖附加版）

LE PETIT JOURNAL (SUPPLÉMENT ILLUSTRÉ)

1904 年 3 月 27 日　星期日

第 697 期

Nº 697,

DIMANCHE 27 MARS 1904

開炮

旅順口保衛戰

EN BATTERIE

La défence de Port-Arthur

《小日報》（插圖附加版）
LE PETIT JOURNAL (SUPPLÉMENT ILLUSTRÉ)

1904 年 3 月 27 日　星期日
第 697 期

N⁰697,
DIMANCHE 27 MARS 1904

劫掠

哥薩克騎兵進入一個朝鮮村莊

EN MARAUDE

Cosaques visitant un village coréen

《小日報》
LE PETIT JOURNAL

1904 年 4 月 10 日　星期日

第 699 期

Nº 699,
DIMANCHE 10 AVRIL 1904

遠東事件

用雪橇運送俄軍的傷病員

LES ÉVÉNEMENTS D' EXTRÊME-ORIENT

Transport de malades et de blessés russes sur des skis

《生活畫刊》（週刊）

LA VIE ILLUSTRÉE (Journal hebdomadaire)

1904 年 4 月 22 日

第 288 期　發行第 7 年

N⁰288,

Septième Année,　22 Avril 1904

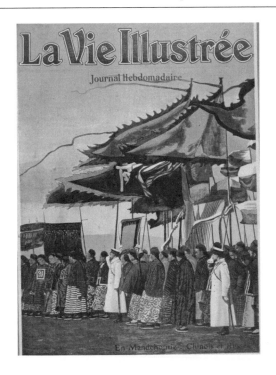

在滿洲

中國人和俄國人

EN MANDCHOURIE

Chinois et Russes

《小巴黎人報》（插圖文學附加版）
LE PETIT PARISIEN
(SUPPLÉMENT LITTÉRAIRE ILLUSTRÉ)

1904 年 7 月 24 日　星期日
第 807 期

Nº 807,
DIMANCHE 24 JUILLET 1904

滿洲的雨季

日本砲兵部隊正在穿越一個峽谷

LA SAISON DES PLUIES EN MANDCHOURIE

Artillerie japonaise franchissant un défilè

《小日報》（插圖附加版）

LE PETIT JOURNAL (SUPPLÉMENT ILLUSTRÉ)

1904 年 7 月 31 日　星期日

第 715 期

N°715,

DIMANCHE 31 JUILLET 1904

在中國

法國與日本士兵之間的血腥衝突

EN CHINE

Sanglante querrelle entre soldats français et japonais

《小日報》（插圖附加版）
LE PETIT JOURNAL (SUPPLÉMENT ILLUSTRÉ)

1904 年 8 月 21 日　星期日

第 718 期

Nº718,
DIMANCHE 21 AOÛT 1904

　　早在 18 世紀中葉，好望角就出現了華工的面孔。西元 1840 年後，英法等列強開始從中國「出口」勞動力。他們被稱為「苦力」（英文「Coolie」的音譯）。至 1904 年前後，契約華工 (Indentured Labor) 替代了苦力的稱呼，但實質並未發生改變。1904 年至 1906 年，南非川斯瓦共招募了華工 63,811 名。他們大多來自中國北方的山東、河北等省，由於義和團、日俄戰爭，再加上連年的饑荒，使得生存無望的 6 萬多名華工踏上了前往好望角的不歸路。

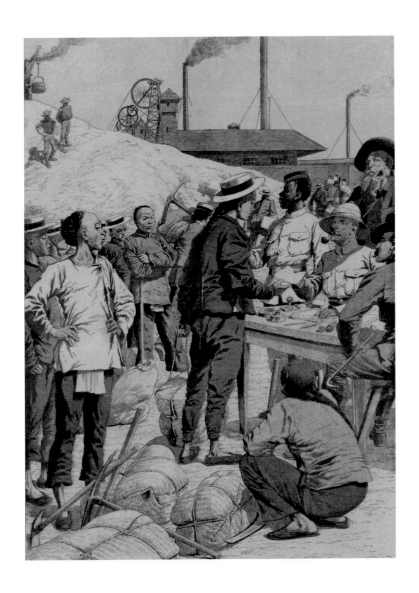

在南非
在礦場工作的中國勞工

DANS L'AFRIQUE DU SUD

Travailleurs chinois s'engageant dans les mines

《小日報》（插圖附加版）
LE PETIT JOURNAL (SUPPLÉMENT ILLUSTRÉ)

1904 年 10 月 2 日　星期日

第 724 期

Nº724,

DIMANCHE 2 OCTOBRE 1904

在滿洲
被汽車救了生命的俄國軍官

EN MANDCHOURIE
Officiers russes sauvés par une automobile

《小日報》（插圖附加版）
LE PETIT JOURNAL (SUPPLÉMENT ILLUSTRÉ)

1904 年 10 月 2 日　星期日
第 724 期

N.º724,
DIMANCHE 2 OCTOBRE 1904

在奉天周圍
日軍向俄軍戰壕發起進攻

AUTOUR DE MOUKDEN

Les Japonais donnent l'assaut aux retranchemant russes

《小日報》（插圖附加版）
LE PETIT JOURNAL (SUPPLÉMENT ILLUSTRÉ)

1904 年 10 月 16 日　星期日

第 726 期

Nº726,

DIMANCHE 16 OCTOBRE 1904

在旅順口

斯托塞爾將軍照料要塞傷員時被炮彈炸傷

À PORT-ARTHUR

La générale Stoesell blessée par un éclat d'obus en soignant des victimes du siège

《小日報》（插圖附加版）
LE PETIT JOURNAL (SUPPLÉMENT ILLUSTRÉ)

1904 年 10 月 16 日　星期日
第 726 期

N⁰726,
DIMANCHE 16 OCTOBRE 1904

滿洲邊境的清軍

馬大帥和他的部隊

L' ARMÉE CHINOISE AUX FRONTIÈRES MANDCHURIE

Le maréchal Ma et ses troupes

《小日報》（插圖附加版）
LE PETIT JOURNAL (SUPPLÉMENT ILLUSTRÉ)

1904 年 12 月 11 日　星期日

第 734 期

N.º 734,

DIMANCHE 11 DÉCEMBRE 1904

　　庫羅帕特金（Aleksey Kuropatkin），早年擔任斯科別列夫（Mikhail Skobelev）的參謀長，日俄戰爭期間任俄軍遠東陸軍總司令，其優柔寡斷是導致俄軍戰敗的主因之一，一戰時曾短暫出任過俄軍北方面軍司令。

滿洲的汽車

庫羅帕特金將軍乘汽車巡視俄軍的戰線

L'AUTOMOBILE EN MANDCHURIE

Le général Kouropatkine parcourt les lignes russes en autobile

1904

1905

《小日報》（插圖附加版）
LE PETIT JOURNAL (SUPPLÉMENT ILLUSTRÉ)

1905 年 1 月 8 日　星期日

第 738 期

N⁰738,

DIMANCHE 8 JANVIER 1905

戰役進行之時
《小日報》特派記者在滿洲觀察戰役情況

PENDANT LA BATAILLE
L'envoyé spécial du Petit Jounal en Mandchourie suit les péripéties du combat

Le Petit Journal

LE JOUR — SIX PAGES — 5 CENTIMES
ministration: 61, rue Lafayette

: Supplément illustré
CHAQUE SEMAINE 5 CENTIMES

5 Centimes   SUPPLÉMENT ILLUSTRÉ   5 Centimes

Le Petit Journal militaire, maritime, colonial..... 10 cent.
Le Petit Journal agricole, 5 cent.   LA MODE du Petit Journal, 10 cent.
Le Petit Journal illustré de La Jeunesse..... 10 cent.
On s'abonne sans frais dans tous les bureaux de poste

ABONNEMENTS

SEINE ET SEINE-ET-OISE 2 fr. 3 fr. 50
DEPARTEMENTS   2 fr. 4 fr.
ETRANGER   2 50   5 fr.
Les manuscrits ne sont pas rendus.

1ème année   DIMANCHE 12 FÉVRIER 1905   Numéro 743

《小日報》（插圖附加版）

LE PETIT JOURNAL (SUPPLÉMENT ILLUSTRÉ)

1905 年 1 月 22 日　星期日

第 740 期

N⁰ 740,

DIMANCHE 22 JANVIER 1905

年度事件

1 月 2 日，被圍困 157 天後的旅順口俄軍向日軍投降

2 月 21 日，奉天會戰拉開序幕，3 月 10 日，日軍占領奉天

5 月 27 日，在對馬海峽海戰中俄國艦隊敗給日本艦隊

7 月 30 日，孫中山等在日本東京召開「同盟會」籌備會議

9 月 2 日，科舉制被廢除

9 月 5 日，《樸茨茅斯和約》簽訂，日俄戰爭結束

9 月 24 日，在北京正陽門車站，派出考察立憲的五大臣遭到自殺性炸彈襲擊

12 月 22 日，中日簽署《會議東三省事宜條約》

俄軍在奉天的陣地

對手之間互相交換善意的舉動

DANS LES TRANCHÉES DEVANT MOUKDEN

Echange de bons procédés entre adversaires

《小日報》（插圖附加版）
LE PETIT JOURNAL (SUPPLÉMENT ILLUSTRÉ)

1905 年 2 月 12 日　星期日
第 743 期

N⁰743,
DIMANCHE 12 FÉVRIER 1905

滿洲的冬天
一支俄國巡邏隊發現凍死的日本士兵

L' HIVER EN MANDCHOURIE

Une petrouille russe decouvre des soldats Japonais morts de froid

《小日報》（插圖附加版）
LE PETIT JOURNAL (SUPPLÉMENT ILLUSTRÉ)

1905 年 3 月 19 日　星期日
第 748 期

Nº748,
DIMANCHE 19 MARS 1905

奉天大戰
庫羅帕特金將軍下令讓俄軍撤退

LA BATAILLE DE MOUKDEN
Le général Kuropatkine donner ordre à ses troupes de battre en retraite

《小日報》（插圖附加版）

LE PETIT JOURNAL (SUPPLÉMENT ILLUSTRÉ)

1905 年 3 月 26 日　星期日

第 749 期

N⁰749,

DIMANCHE 26 MARS 1905

奉天大戰結束之後

A PRÈS LA GRANDE BATAILLE DE MOUKDEN

《小日報》（插圖附加版）
LE PETIT JOURNAL (SUPPLÉMENT ILLUSTRÉ)

1905 年 4 月 2 日　星期日
第 750 期

N.° 750,
DIMANCHE 2 AVRIL 1905

李尼維去將軍

駐滿洲俄軍總司令

LE GÉNÉRAL LINIÉVITCH

Commandant en chef des troupes russes en Mandchourie

《小巴黎人報》（插圖文學附加版）
LE PETIT PARISIEN
(SUPPLÉMENT LITTÉRAIRE ILLUSTRÉ)

1905 年 4 月 2 日　星期日

第 843 期

N.º843,

DIMANCHE 2 AVRIL 1905

　　大山岩，明治和大正時期的九位元老之一，日本陸軍的建立者之一。中日甲午戰爭為占領威海衛的日軍第二軍長，日俄戰爭時任日本滿洲軍總司令。

在滿洲

日軍元帥大山岩進入奉天

EN MANDCHOURIE

Entrée du maréchal Oyama à Moukden

《小日報》（插圖附加版）
LE PETIT JOURNAL (SUPPLÉMENT ILLUSTRÉ)

1905 年 4 月 23 日　星期日

第 753 期

Nº753,

DIMANCHE 23 AVRIL 1905

　　日俄戰爭中雖然清政府官方宣布中立，但是官員及民眾中卻不乏支持日本獲勝者。

　　日俄戰爭期間，日本使館副武官青木宣純（曾任北洋軍教官）與袁世凱面商日中聯合組織情報機構和收編東北「馬賊」諸事宜。袁從北洋軍中挑選數十名精幹士官組成了聯合偵探隊。這些軍官多畢業於保定陸軍速成學堂測繪科，故工作頗有成效，其中就有後來的直系軍閥首領吳佩孚。吳佩孚原為北洋督練公所參謀處軍官，參加日軍的諜報活動後，幾進幾出東北，有次被俄軍俘獲，但拒絕招供，判死刑後跳車逃生，戰後晉升上尉軍銜，日軍授勛以資表彰。

　　孫中山更是在日本神戶的一次演講中說：「日俄一戰，日本便戰勝俄國。日本人戰勝俄國人，是亞洲民族在最近幾百年中頭一次戰勝歐洲人，這次戰爭的影響，便馬上傳達到全亞洲，亞洲全部的民族便驚天喜地，發生一個極大的希望。」（《孫中山全集》第 11 卷第 402 頁）

　　奉天地方的拒俄義勇軍、忠義軍（因在關鍵的遼陽首山戰役中立功，被日本天皇授予寶星勳章的馮麟閣、金萬福），以及留日學生發起的拒俄運動等亦可略見一斑。

日軍在滿洲的殘酷報復

處決被控親俄的清朝低層官員

CRUELLE REPRÉSAILLES DES JAPONAIS EN MANDCHOURIE

Exécution de functionaires chinois accusés de sympathie pour les Russes

《小日報》（插圖附加版）

LE PETIT JOURNAL (SUPPLÉMENT ILLUSTRÉ)

1905 年 4 月 30 日　星期日
第 754 期

Nº754,
DIMANCHE 30 AVRIL 1905

在離開哈爾濱的路上

日本騎兵偵察隊遇襲

SUR LA ROUTE DE KHARBIN

Reconnaissance de cavalerie japonais

《小日報》（插圖附加版）
LE PETIT JOURNAL (SUPPLÉMENT ILLUSTRÉ)

1905 年 5 月 7 日　星期日

第 755 期

Nº755,

DIMANCHE 7 MAI 1905

向滿洲的俄軍增派援軍

西伯利亞鐵路上一節運送哥薩克騎兵的車廂

ENVOI DE RENFORTS
A L'ARMÉE RUSSE DE MANDCHOURIE

Un wagon de cavalerie cosaque sur le transsibérien

《小巴黎人報》（插圖文學附加版）

LE PETIT PARISIEN
(SUPPL ÉMENT LITTÉRAIRE ILLUSTRÉ)

1905 年 8 月 20 日　星期日

第 863 期

N⁰863,

DIMANCHE 20 AOÛT 1905

俄國與日本：交戰雙方的目前形勢

RUSSES ET JAPONAIS:

POSITIONS ACTUELLES DES BELLIGRANT

《小日報》（插圖附加版）
LE PETIT JOURNAL (SUPPLÉMENT ILLUSTRÉ)

1905 年 8 月 28 日　星期日
第 719 期

N⁰719,
DIMANCHE 28 AOÛT 1905

旅順口海軍大戰
在「皇太子號」軍艦上

LE COMBAT NAVAL AU LARGE DE PORT-ARTHUR

A bord du "Coesarevitch"

1906

TOUS LES VENDREDIS
Le Supplément illustré
5 Centimes

SUPPLÉMENT ILLUSTRÉ
Huit pages : CINQ centimes

TOUS LES JOURS
Le Petit Journal
5 Centimes

Deuxième Année　　　　SAMEDI 19 DÉCEMBRE 1891　　　　Numéro

《小巴黎人報》（插圖文學附加版）
LE PETIT JOURNAL
(SUPPLÉMENT LITTÉRAIRE ILLUSTRÉ)

1906 年 5 月 20 日　　星期日

第 902 期

N⁰902,
DIMANCHE 20 MAI 1906

年度事件

2 月，日知會在武昌成立

4 月 27 日，中英簽訂《中英續訂藏印條約》

9 月 1 日，清廷頒布了《宣示預備立憲諭》

9 月 18 日，香港遭受颶風襲擊，死傷 10 餘萬人

12 月初，同盟會成立以後發動的第一次武裝起義 —— 萍瀏醴起義爆發

受清廷指派，戶部侍郎戴鴻慈、湖南巡撫端方於 12 月 2 日離京啟程，前往美國、德國和奧地利考察。1905 年 12 月 11 日，鎮國公載澤、山東布政使尚其亨、順天府丞李盛鐸離京啟程前往日本、英國、法國和比利時等國考察西方政體。次年除李盛鐸留任駐比利時公使外，其他人陸續歸國，向慈禧陳述了立憲可使「皇位永固」、「外患漸輕」、「內亂可弭」。慈禧聽後決定採納施行。於是 1906 年 9 月 1 日清政府宣布實行「預備立憲」。

中國使團在巴黎

一位中國人站在市議會的講臺上

UNE MISSION CHINOIS

Un Chinois à la tribune du conseil municipal

《小巴黎人報》（插圖文學附加版）
LE PETIT PARISIEN
(SUPPLÉMENT LITTÉRAIRE ILLUSTRÉ)

1906 年 10 月 7 日　星期日

第 922 期

Nº922,
DIMANCHE 7 OCTOBRE 1906

香港的可怕颱風
成千上萬人受害

TERRIBLE TYPHON À HONG-KONG

Plusieurs milliers de victimes

《小日報》（插圖附加版）
LE PETIT JOURNAL (SUPPLÉMENT ILLUSTRÉ)

1906 年 10 月 21 日　星期日

第 831 期

N⍛831,

DIMANCHE 21 OCTOBRE 1906

瓦卡德

捕獲侵擾一方的悍匪瓦卡德

VAHKADER

Capture du brigade Vahkader, qui terrorisait la région

1906

1907

《小日報》（插圖附加版）
LE PETIT JOURNAL (SUPPLÉMENT ILLUSTRÉ)

1907 年 3 月 3 日　星期日

第 850 期

N⁰ 850,

DIMANCHE 3 MARS 1907

中國的饑荒

LA FAMINE EN CHINE

《小日報》（插圖附加版）
LE PETIT JOURNAL (SUPPLÉMENT ILLUSTRÉ)

1907 年 7 月 14 日　星期日

第 869 期

N⁰ 869,

DIMANCHE 14 JUILLET 1907

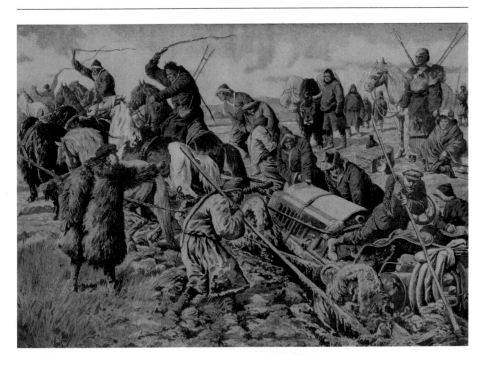

蒙古的汽車

蒙古騎兵在將一輛汽車拖出泥沼

L' AUTOMOBILISME EN MONGOLIE

Des cavaliers mongols retirent d'un marécage une voiture embourbée

1907

1908

Le Petit Journal

5 CENTIMES SUPPLÉMENT ILLUSTRÉ **5** CENTIMES ABONNEMENTS

Le Petit Journal
CHAQUE JOUR – 6 PAGES – 5 CENTIMES

Administration : 61, rue Lafayette

Les manuscrits ne sont pas rendus

Dix-neuvième Année

Le Petit Journal agricole, 5 cent. ~~ La Mode du Petit Journal, 10 cent.
Le Petit Journal illustré de la Jeunesse, 10 cent.

On s'abonne sans frais dans tous les bureaux de poste

DIMANCHE 12 JUILLET 1908

SIX MOIS UN AN

SEINE et SEINE-ET-OISE . 2 fr. 3 fr. 60
DÉPARTEMENTS . . . . 2 fr. 4 fr.
ETRANGER . . . . 2 50 5 fr.

Numéro 921

《小日報》（插圖附加版）

LE PETIT JOURNAL (SUPPLÉMENT ILLUSTRÉ)

1908 年 7 月 12 日　星期日

第 921 期

N⁰921,

DIMANCHE 12 JUILLET 1908

年度事件

1 月 16 日，清廷頒布《大清報律》

6 月，全國掀起立憲請願高潮

8 月 27 日，清廷批准《憲法大綱》，中國第一部憲法發表

11 月 14 日，光緒皇帝病逝。15 日，慈禧太后去世

　　戊申河口之役，也稱河口起義，主要指揮者黃明堂等人與黃興率先在欽州、廉州、上思一帶起事，孫中山又派黃明堂等人率領從鎮南關撤出的革命軍開赴雲南邊境支援。4 月 29 日起義軍與清軍中的起義部隊會合，攻克河口。此後，起義軍又分兵出擊，連克新街、南溪、壩灑，逼近蠻耗、蒙自。清政府急忙調兵鎮壓，5 月 26 日，清軍占領河口。黃明堂率六百餘人撤至越南境內，不久被法國殖民政府繳械遣散。

北圻與中國的邊境上

法國土著步兵解除中國革命黨人的武裝

A LA FRONTIÈRE TONKINO-CHINOISE

Tirailleurs indigènes désarmant les "réformistes" chinois

《小巴黎人報》（插圖文學附加版）
LE PETIT PARISIEN
(SUPPLÉMENT LITTÉRAIRE ILLUSTRÉ)

1908 年 10 月 11 日　星期日

第 934 期

N^o934,
DIMANCHE 11 OCTOBRE 1908

　　為了實施「吞併滿洲」的遠東政策，俄國迫使清政府簽訂密約，同意修築一條連線滿洲里和海參崴（綏芬河）、南到旅順港的中東鐵路（當時稱「東清鐵路」）。西元 1898 年 6 月，修築鐵路的首批俄國人將哈爾濱確定為中東鐵路的總埠，使哈爾濱一下子從一個小村莊變成了中國東北的交通樞紐和經濟中心。1903 年中東鐵路全線通車不久，鐵路管理局便在哈爾濱成立「城市公共事業管理委員會」，實行「自治」。1907 年 11 月，俄方在商務俱樂部（原址在今兆麟公園內）開會通過了哈爾濱自治公議會章程。1908 年 3 月，透過選舉成立公議會董事會（兆麟公園當時就叫「董事會公園」），俄國人獨攬了哈爾濱市政權。直到 1926 年 3 月在得到張作霖同意後，東省特別區行政長官張煥相才解散了公議會和董事會，收回了市政權。

中國酷刑

在哈爾濱，一名犯人被綁住拇指吊起來並受到鐵棍毒打

SUPPLICES CHINOIS

A Kharbin, des condamnés sont pendus par
les pouces et battus à coups de barres de fer

《虔誠者報》
LE PÈLERIN

1908 年 11 月 15 日　星期日

第 1663 期

N⁰ 1663,

DIMANCHE 15 NOVEMBRE 1908

在香港，中國人襲擊日本商販並搶劫其商鋪
丹布朗繪畫

À HONG-KONG, LES CHINOIS ATTAQUENT LES
MARCHANDS JAPONAIS ET PILLENT LEURS BOUTIQUES

Dessin de Damblans

《小日報》(插圖附加版)
LE PETIT JOURNAL (SUPPLÉMENT ILLUSTRÉ)

1908 年 11 月 29 日　星期日

第 941 期

Nº941,

DIMANCHE 29 NOVEMBRE 1908

光緒皇帝和慈禧太后之死

西元 1875 年，結婚未滿三年，年僅 19 歲的同治皇帝因患天花而去世。失去親生兒子的慈禧太后選擇同治的堂弟，自己的親姪子，剛滿三歲的載湉繼位，由於載湉年紀太小，其父親醇親王奕譞被任命為攝政王，而慈禧本人則與慈安太后共同「垂簾聽政」，掌握了實際的控制權。西元 1881 年，慈安太后去世，慈禧太后獨自掌握大權。從此載湉便一生都籠罩在慈禧太后的陰影之中。

西元 1889 年，年滿 18 歲的載湉開始親政，成為光緒皇帝。但是清廷的實際權力仍然掌握在慈禧太后手中。美國傳教士丁韙良（William Alexander Parsons Martin）在同文館的兩位學生張德彝和沈鐸都曾經當過光緒皇帝的英文教師，所以年輕的光緒皇帝很早就受到了西方現代思想的影響。在西元 1894 年－ 1895 年間的中日甲午戰爭中，他極力主戰，反對妥協。甲午戰爭失敗之後，他又公開支持維新派發展實業和實行變法。西元 1898 年，他在康有為、梁啟超等人輔佐下，推出了轟轟烈烈的「戊戌新政」。眼看著自己的地位和勢力岌岌可危，慈禧太后再度出山「垂簾聽政」，鎮壓了戊戌改革，囚禁光緒於西苑瀛臺，對外則宣稱光緒皇帝罹病，不能再理政。從此之後，光緒皇帝再也沒有機會出頭。

1908 年 11 月 14 日，年僅 38 歲的光緒突然因病暴斃。年已 74 歲的

慈禧太后於當天任命醇親王載灃為攝政王，其長子溥儀為繼位的宣統皇帝。而第二天下午，慈禧太后本人也撒手人寰。一般認為，光緒皇帝是被慈禧太后下砒霜毒死的，因為她絕不能容忍光緒皇帝比她活得更久。這一看法數年前已被驗屍實驗所證實。

　　按照中國傳統的殯葬習俗，人死了之後必須經過停屍、報喪、做七、弔唁、入殮、停棺、擇日下葬等複雜的儀式。光緒和慈禧都是在去世一年之後才隆重下葬的。光緒葬於清西陵，慈禧葬於清東陵。

清太后和皇帝駕崩
慈禧太后和光緒帝的遺體放在長壽宮展示

LA MORT DES SOUVERAINS

Les corps de l'impératrice Tseu-Si et de
l'empereur Kouang-Siu exposes dans le pavillon de la Longévité impériale

1909

Le Petit Journal

ADMINISTRATION
61, RUE LAFAYETTE, 61
Les manuscrits ne sont pas rendus
On s'abonne sans frais
dans tous les bureaux de poste

5 CENT. SUPPLÉMENT ILLUSTRÉ 5 CENT.

20 me Année   Numéro 980

DIMANCHE 29 AOUT 1909

ABONNEMENTS

SEINE et SEINE-ET-OISE . 2 fr.   3 fr. 50
DÉPARTEMENTS........... 2 fr.   4 fr. »
ÉTRANGER .... 2 50   5 fr. »

《小日報》（插圖附加版）

LE PETIT JOURNAL (SUPPLÉMENT ILLUSTRÉ)

1909 年 8 月 29 日　星期日

第 980 期

N⁰980,

DIMANCHE 29 AOÛT 1909

年度事件

1 月 2 日，攝政王載灃命軍機大臣、外務部尚書袁世凱開缺回籍

9 月 1 日，清廷發布上諭，宣布預備立憲

9 月 4 日，中日簽訂《間島協約》。日本在華利益擴大，引起美國不滿

9 月 21 日，旅美華僑馮如製成中國第一架飛機

中國新軍

LA NOUVELLE ARMÉE CHINOISE

1909

1910

°4e ANNEE. — N° 1734.　　Dimanche 27 MARS 1910.

Le Pèlerin

REVUE ILLUSTRÉE DE LA SEMAINE

Avec supplément littéraire, politique et agricole

ABONNEMENT ANNUEL	FRANCE	ÉTRANGER
Édition ordinaire...	6 fr.	8 fr.
Édition de luxe.....	10 fr	10 fr.

Abonnements annuels combinés :

Pèlerin et Vie des Saints........ 7 fr. 20
Pèlerin et Contemporains....... 9 fr 60
Croix grand format et Pèlerin .. 22 fr. ▸

《小日報》（插圖附加版）
LE PETIT JOURNAL (SUPPLÉMENT ILLUSTRÉ)

1910 年 3 月 20 日　星期日

第 1009 期

Nº 1009,

DIMANCHE 20 MARS 1910

年度事件

4 月，汪精衛因刺殺載灃被捕

5 月 15 日，清政府公布《大清現行刑律》

6 月，孫洪伊發起了第二次國會請願高潮

11 月 4 日，清政府將原訂宣統八年立憲期限，縮改為宣統五年，並開設議院

11 月 9 日，鼠疫透過中東鐵路經滿洲里傳入哈爾濱，隨後一場持續 6 個月的大瘟疫席捲東北。這場波及半個中國的瘟疫，奪去了 6 萬多人的生命

達賴喇嘛抵達英屬印度

L' ARRIVÉE DU DALAI-LAMA AUX INDES ANGLAISES

1910

1911

Le Petit Journal

ADMINISTRATION
61, RUE LAFAYETTE, 61
Les manuscrits ne sont pas rendus
On s'abonne sans frais
dans tous les bureaux de poste

5 CENT.　SUPPLÉMENT ILLUSTRÉ　5 CENT.
22me Année　◆◆　Numéro 1.055
DIMANCHE 5 FÉVRIER 1911

ABONNEMENTS

	SIX MOIS	UN AN
SEINE et SEINE-ET-OISE..	2 fr.	3 fr. 50
DÉPARTEMENTS............	2 fr.	4 fr. »
ÉTRANGER	2 50	5 fr. »

《小日報》（插圖附加版）

LE PETIT JOURNAL (SUPPLÉMENT ILLUSTRÉ)

1911 年 2 月 5 日　星期日

第 1055 期

Nº 1055,

DIMANCHE 5 FÉVRIER 1911

年度事件

1 月 31 日，哈爾濱一帶疫病死亡人數已達兩千六百多，長春、雙城、呼蘭、綏化等地死亡人數也達一千以上

4 月 27 日，廣州起義爆發，72 名烈士葬於黃花崗

5 月 8 日，清政府成立責任內閣，被譏為「皇族內閣」

5 月 9 日，清廷宣布鐵路幹線收歸國有，激起全國反對浪潮

5 月 14 日，長沙萬人集會激起保路運動

6 月 1 日，四川省保路同志會成立

9 月 7 日，趙爾豐與保路人員衝突，各路同志軍猛撲成都，25 日榮縣獨立

10 月 10 日，武昌打響第一槍，辛亥革命爆發

11 月 1 日，清政府宣布解散皇族內閣，任命袁世凱為總理內閣大臣

12 月 7 日，清政府任命袁世凱為全權大臣，赴南方討論大局

12 月 29 日，清政府宣布解散皇族內閣，孫中山被推舉為臨時大總統

現代化的中國

在上海，人們當眾剪掉長辮

A CHINE SE MODERNISE

A Shanghaï, des Chinois font en public le sacrifice de leur natte

《小日報》（插圖附加版）
LE PETIT JOURNAL (SUPPLÉMENT ILLUSTRÉ)

1911 年 2 月 12 日　星期日

第 1056 期

Nº 1056,

DIMANCHE 12 FÉVRIER 1911

滿洲鼠疫

逃難的老百姓在長城邊被中國軍隊攔下

LA PEST EN MANDCHOURIE

Les populations, fuyant devant le fléau,

sont arrêtées par les troupes chinoises aux abords de la Grande Muraille

《小日報》（插圖附加版）
LE PETIT JOURNAL (SUPPLÉMENT ILLUSTRÉ)

1911 年 2 月 19 日　星期日

第 1057 期

Nº 1057,

DIMANCHE 19 FÉVRIER 1911

滿洲鼠疫

LA PEST EN MANDCHOURIE

《小日報》（插圖附加版）
LE PETIT JOURNAL (SUPPLÉMENT ILLUSTRÉ)

1911 年 10 月 22 日　星期日
第 1092 期

Nº 1092,
DIMANCHE 22 OCTOBRE 1911

兵站的娛樂

一個流動的中國雜技團臨時借住在某兵站，
並為那裡的官員和守衛們進行表演

LES PLAISIRS DU "DEPOT"

Des acrobates Chinois, trouvés errants et hospitalités au Dépôt,
y donnent une representation pour l'agrément des agents et des gardiens

《小日報》（插圖附加版）
LE PETIT JOURNAL (SUPPLÉMENT ILLUSTRÉ)

1911 年 4 月 16 日　星期日

第 1065 期

Nº1065,

DIMANCHE 16 AVRIL 1911

　　西元 1883 年 12 月 25 日，馮如生於廣東恩平，十幾歲到美國做工。受萊特兄弟的飛機飛行的影響，在 1907 年，馮如與幾位華僑共同努力，經過十多次修改，在奧克蘭出租的廠房中成功研製出一架飛機。1909 年 9 月 21 日，在美國奧克蘭市附近的派得蒙特山丘上，馮如駕駛自己設計製造的飛機，試飛成功。1910 年，他又研製出一架雙翼機，並於當年 10 月至 12 月間成功地在奧克蘭進行了表演。

　　1911 年 2 月，馮如帶著助手及兩架自己研發的飛機回到中國。1912 年 8 月 25 日，馮如在廣州燕塘駕駛自己研發的飛機飛行。由於操縱系統失靈，飛至百餘公尺時飛機失速下墜，馮如遇難。他也成為了中國第一位駕機失事的飛行員和飛機設計師。

中國的第一架飛機

LE PREMIR AÉROPLANE EN CHINE

《小巴黎人報》（插圖文學附加版）

LE PETIT PARISIEN (SUPPLÉMENT LITTÉRAIRE ILLUSTRÉ)

1911 年 10 月 29 日　星期日

新版第 118 期

NOUVELLE ÉDITION-Nº 118,
DIMANCHE 29 OCTOBRE 1911

中國革命

在漢口處決燒殺搶掠的革命黨人

LA RÉVOLUTIONE CHINOISE

Exécution à Han-Keou de révolutionaries pillards et incendiaires

《小日報》（插圖附加版）
LE PETIT JOURNAL (SUPPLÉMENT ILLUSTRÉ)

1911 年 10 月 29 日　星期日

第 1093 期

Nº1093,
DIMANCHE 29 OCTOBRE 1911

關於中國的起義運動

中國軍隊的演變

À PROPOS DU MOVEMENT INSURRECTIONNEL EN CHINE

L' évolution de l' armée chinoise

附錄：

1911 年後的《小日報》

在中國為歐式服裝立法的討論

資政院變成了試衣間

LA DISCUSSION DE LA LOI SUR LE COSTUME

EUROPÉEN EN CHUNE Un Parlement transformé en salon d'essayage

法國輪船受到中國海盜襲擊

VAPEUR FRANÇAIS ATTAQUÉPAR DES PIRATES CHINOIS

飛人在天朝

LHOMME-OISEAU CHEZ LES CÉLESTESE

　　瓦西的貝勒蒂爾那令人咂舌的長途飛行在一路上克服了重重困難之後終於順利完成。該圖顯示他在中國著陸之後，受到了每個人熱情洋溢的歡迎。實際上，在歡迎他的那些當地人眼中，這位不畏艱險的飛行員宛如一位長著翅膀的西方大使。

中國的動亂

LES TROUBLES EN CHINE

　　和平在天朝已不復存在。兩位大帥[02]為爭奪上海控制權而發生的衝突，為中國最為繁榮發達的城市帶來了遭血洗的威脅。與此同時，歐洲政府也採取了預防行動，以便保護各國在滬的僑民。一支由弗洛肖海軍上將指揮的法國艦隊來到了上海，並停泊在港口，各軍艦上的水兵們則紛紛下船登陸，以保護法國領事館。

---

[02]　指直系軍閥齊燮元和皖系軍閥盧永祥。

遺失在西方的中國史：

法國《小日報》記錄的晚清 1891-1911（修訂版）

編　　譯：沈弘

發 行 人：黃振庭

出 版 者：崧燁文化事業有限公司

發 行 者：崧燁文化事業有限公司

E - m a i l：sonbookservice@gmail.
　　　　　com

粉 絲 頁：https://www.facebook.
　　　　　com/sonbookss/

網　　址：https://sonbook.net/

地　　址：台北市中正區重慶南路一段
　　　　　61 號 8 樓

8F., No.61, Sec. 1, Chongqing S. Rd.,
Zhongzheng Dist., Taipei City 100, Taiwan

電　　話：(02)2370-3310

傳　　真：(02)2388-1990

印　　刷：京峯數位服務有限公司

律 師 顧 問：廣華律師事務所 張珮琦律師

定　　價：650 元

發 行 日 期：2024 年 05 月第一版

◎本書以 POD 印製

Design Assets from Freepik.com

國家圖書館出版品預行編目資料

遺失在西方的中國史：法國《小日
報》記錄的晚清 1891-1911（修訂
版）/ 沈弘 編譯 . -- 修訂一版 . --
臺北市：崧燁文化事業有限公司，
2024.05

面；　公分

POD 版

ISBN 978-626-394-305-6(平裝)

1.CST: 晚 清 史 2.CST: 石 版 畫
3.CST: 史料

627.6　113006601

電子書購買

爽讀 APP

臉書